企业日常管理系列丛书

项目运营常见问题清单

颜阳
编著

U0889509

地震出版社
Seismological Press

图书在版编目（CIP）数据

项目运营常见问题清单 / 颜阳编著 . -- 北京 : 地震出版社 , 2021.10
（企业日常管理系列丛书 / 陈明星主编）
ISBN 978-7-5028-5234-4

Ⅰ . ①项… Ⅱ . ①颜… Ⅲ . ①企业管理—项目管理 Ⅳ . ① F272

中国版本图书馆 CIP 数据核字 (2021) 第 098498 号

地震版　XM4561/F（6103）

项目运营常见问题清单
颜阳　编著
特约编辑：段会敏　陈荣赋
责任编辑：李肖寅
责任校对：凌　樱

出版发行：地震出版社
北京市海淀区民族大学南路 9 号　邮编：100081
发行部：68423031　68467991　传真：88421706
总编室：68462709　68423029
证券图书事业部：68426052
http：//seismologicalpress. com
E-mail：zqbj68426052@ 163. com
经销：全国各地新华书店
印刷：北京柯蓝博泰印务有限公司

版（印）次：2021 年 10 月第 1 版　2021 年 10 月第 1 次印刷
开本：710 × 960　1/16
字数：335 千字
印张：19
书号：ISBN 978-7-5028-5234-4
定价：58.00 元
版权所有　翻印必究
（图书出现印装问题，本社负责调换）

编辑委员会

主编：陈明星

编委：邓之梅　刘中洋　俞　挺　曾贤锋

许　强　朱慧俐　郭汉尧　陈志权

陈竹妹　邱志洋　沈　杰　邱翠萍

杜　猛　杨莎莎　徐小花　颜　阳

余棉红　邓孜青

前言

PREFACE

常言道："不想当将军的士兵不是好士兵！"每个人都应该有自己的职业追求，将自己锻炼成为一名出色的职场精英。有了目标，工作起来才有劲头，才会让自己获得长足的发展。

工作就是在解决问题，解决问题的水平体现了一个人工作能力的高与低。如何在日常工作中，通过解决每个实际问题而不断提升自己的工作能力，是每个人晋升和自身发展亟待解决的问题！为此，我们特别编写了"企业日常管理系列丛书"。

企业日常管理系列丛书包括《财务工作常见问题清单》《采购管理常见问题清单》《仓储管理常见问题清单》《新产品运营管理常见问题清单》《供应链管理常见问题清单》《行政工作常见问题清单》《绩效管理常见问题清单》《客户服务常见问题清单》《企业资本运营常见问题清单》《人力资源工作常见问题清单》《商品配送管理常见问题清单》《生产管理常见问题清单》《物流服务常见问题清单》《销售团队管理常见问题清单》《促销管理常见问题清单》《项目运营常见问题清单》《国际贸易管理常见问题清单》《大客户销售常见问题清单》共18本，对日常工作常见问题和容易忽略的细节问题进行了梳理，并在整体上架构了不同职位人士的日常工作模型，让每一项工作一目了然，细节无遗漏，工作不失误。读者可以根据自己所需即查即用，轻松解决工作问题。

本丛书有如下特点。

第一，能帮助读者重新梳理自己的工作问题，让工作脉络更加清晰。

第二，能帮助读者加深对每项工作的理解，书中既有针对工作问题的规范性操作，也有经验性的总结，两者的完美结合会对工作问题的解决起到了事半功倍的作用。

第三，每项工作都设有工作场景描述，读者可以根据工作需要，即查即用，避免了在漫天的文字中间寻找答案，非常实用、方便。

第四，能帮助读者养成总结工作经验的习惯。

第五，引导读者形成“问题导向”的工作意识，从此进入自我提升的快车道。

本丛书认真选取了当下企业中的热点职位及重点部门，从日常工作的实际问题出发，针对每个工作问题进行了思路拓展性解读与分析，给出了经验性的总结阐述，可改善从业者的当前工作局面，为从业者搭建起提升工作能力的可靠阶梯，也为相关专业工作人员全面提升业务水平提供了可借鉴的方法。

现代市场环境使得项目这个概念向着分散化、小型化方向发展，一个宏大的工程项目由若干小项目组成，以小项目为单位的管理方式是一种提高工作效率的新型项目管理方式。例如一个新产品从研发到上市的过程是一个项目单位，一项工程可以按照不同职能划分为不同的小项目，对每个小项目进行精细化管理，项目运营效率将大大提升。

同时本书倡导“项目运营工作清单式管理”，以“项目运营工作常见问题”为主题展开，全面梳理项目运营工作常见问题，嵌入“问题导向”的思维意识，重新定义每一项项目运营工作，并通过操作规范指导与工作经验提示相结合的阐述方式，悉数项目运营日常管理工作的关键点。

这是一本揭开项目运营管理工作“问题导向”思维方法的书。读者朋友可以对照项目运营管理工作中的常见问题，即查即用。

本丛书在编写过程中，得到了相关从业者及工作伙伴的大力支持和配合，在此一并表示感谢！

目　录

CONTENTS

第1章　项目规划与目标设定常见问题

第3章 项目执行阶段常见问题

第 4 章 项目沟通与协调常见问题

第 5 章 项目成本管理常见问题

第 6 章 项目质量管控常见问题

第 7 章 项目持续评估工作常见问题

第1章

项目规划与目标设定常见问题

项目运营体系庞大、环节众多，实际工作千头万绪，错综复杂。如果在项目运营实施之初，项目经理不做好充分的准备工作，不对项目运营进行整体上的规划、统筹，那么整个项目运营工作就会失去控制，成为一盘散沙，无法进行下去。

因此，项目经理有必要在项目运营的启动阶段，先对项目运营的各项项目工作进行完整、全面的规划，然后设定明确的项目总目标与子目标，作为开展各项项目工作的依据和指南，以确保项目运营按照预定的方向、进度进行，最终实现预期的目标和效果。

1.1　如何定义客户的需求

工作场景描述

当想准确把握客户的需求并实现客户所期望的目标时，可查看。

解读与分析

客户需求是指客户期望达到某种目标或者需要得到某种结果，使其获得满足的愿望和要求。这些需求有的表现为公共需求；有的表现为单位或个人的需求，即私人需求。定义客户需求是项目启动阶段首要的工作，也是定义项目目标的基础，是项目产生的基本前提。它始于客户的需求的提出，结束于客户需求建议书的发布。定义客户需求能够使客户所期望的目标以更好的方式实现，只有明晰了客户需求，企业才能准确把握客户意图，规划出好的项目。然而，恰当地定义客户需求并不容易。下面将探讨一些能够促使项目管理人员有效定义客户需求的方法。

1. 全面理解项目的现行系统

要想了解客户需求，就必须要对客户需求的项目进行分析。需求分析员首先要研究项目的现行系统。所谓现行系统是指项目的相关环境，即项目运行的组织环境怎样？相关成员是谁？潜在的议程是什么？对系统的研究包括获得对现行系统功能运作的详细理解，识别系统内信息流，列出系统输入与输出信息，等等。需求分析员必须跳出对问题做纯粹技术研究的框框，应尽力理解现行系统。如果不能很好地了解项目环境，需求分析员就不能真正了解并定义客户需求，而准确定义客户的需求，帮助客户识别需求是项目成功运行的基础。

2. 识别多元客户，以优先顺序排列他们的需求

在充分理解现行系统后，需求分析员应该清楚地知道受项目影响的是哪些人，以及谁会关心项目结果。这些人是最广泛意义上的客户——多元用户，他们包括客户群体中不同的参加者以及项目组织中的成员。需求分析员应制订一份多元客户名单，然后通过

分析、确认，将那些与项目无关或关系不密切的人剔除出去，留下与项目有密切关系的人员。他们的行为（即使不采取任何行动）对项目及其运作都具有显而易见的影响力。需求分析员应明确相互之间可能会产生冲突的相关人员的不同利益，并按优先顺序排列他们的需求。

3. 组建一个客户需求定义任务小组

客户需求信息可通过采访、观察以及查阅组织章程获得，但有效的客户需求分析应由一个能够定义不同客户需求的任务小组来完成。任务小组的成员由客户方代表、项目执行方代表（需求分析员）和有关专家组成。由于任务小组是由代表不同利益方面的人员组成的，这使得各种观点能够充分交锋。任务小组还能使不同客户群通过沟通进行协商，将一些难以达成的决策从需求分析员转移到客户身上。此外，加上相关客户方的代表在定义其需求时能较早与项目组合作，这样就便于他们更好地理解项目。因此，通过任务小组最终定义的客户需求比仅由一两个人定义的客户需求更具生命力，更为合理。

4. 帮助客户了解相关项目知识

客户一般并不了解他们的真实需求是什么，需求分析员的主要工作是同客户紧密合作并帮助他们找出其真正的需求。这可通过培训客户来实施，即让客户对所涉及的项目技术问题有所理解，包括项目中的技术问题是什么，可交付何种产品来体现这些技术，交付产品的功能有哪些，有何局限性。另外，对客户进行项目管理基础教育也很有必要，可以使客户更好地理解并说明他们的需求，并使客户认识到需求变化是很自然的，这些变化会增加项目正常管理的成本。这样，通过进一步了解项目实施中产生的问题，客户会明白自己在定义需求时的责任是什么，从而配合需求分析员开展工作。

帮助客户定义并识别其需求，是项目管理者在项目启动阶段要做的第一件大事，要慎重对待。

关键点提示

定义客户需求的方法有：

1.全面理解项目的现行系统；2.识别多元客户以优先顺序排列他们的需求；3.组建一个客户需求定义任务小组；4.帮助客户了解相关项目知识。

1.2　如何做好项目可行性研究

工作场景描述

当论证一个项目是否可行并给投资者的最终决策提供依据时，可查看。

解读与分析

项目可行性研究是对项目的实施方案进行调研、评估、筛选并建议采用适合于项目运行的方案的过程。在启动项目之前，项目经理必须进行项目可行性研究。项目可行性研究要考察多种可能的方案并识别潜在问题。一般来说，项目经理进行项目可行性研究时要做好以下三个方面的工作。

1. 了解可行性研究的目的

可行性研究需要投入大量的时间和金钱，对它进行有效的管理非常必要。如果能够理解可行性研究的目的和项目成功的评价指标，就可以集中精力做好工作。虽然各个项目的可行性研究内容不尽相同，但是以下几点是比较基本的。

（1）考察备选方案。考察尽可能多的备选方案，对每一种方案都要分析一下，看看在市场和技术条件的限制之下，这个方案是否可以有所改进。

（2）对重要问题作出明确回答。可行性研究必须对一些重要问题作出明确的回答，特别是在考察备选方案时。这些重要问题包括：对项目成本和收入的估算，对项目参与各方目的的理解，确认项目在技术和财务方面的可行性，估算出可能得到的经济回报。

（3）评价各个备选方案。可行性研究需要搜集足够的信息，用于评价各个备选方案。这些评价指标要考虑项目目标和项目投资人的利益。

（4）提供项目实施方案。可行性研究的结果要能够提供未来项目方案实施的思路。项目经理可以把可行性研究看作一个过滤器，它滤去了那些不能实现项目目标的方案。可行性研究最终要为下一个阶段（设计和评估阶段）提供一个已更新的项目产品规范和该阶段的工作计划，它同时可以为项目实施阶段提供计划方案。

2. 启动可行性研究

运营一个项目，除了总体上需要做计划外，每一个环节都需要做计划，可行性研究也不例外。启动可行性研究需要经过以下五个步骤。

（1）组建管理团队。要为项目的可行性研究组建一个管理团队，由经验丰富的管理者和团队成员组成。团队人员的组成应根据项目的性质决定。一般来讲，这个团队应该包括技术、金融、营销方面的专家；对于大的项目，还应包括经济、法律、环境以及人力资源等方面的专家。可行性研究的组织管理者不一定是随后进行规划、组织、实施、控制项目的项目经理，但是最好能够让项目经理成为项目可行性研究团队的成员，这样，项目经理才能够对项目有更深刻的理解，产生更强的主人翁意识，从而增加项目成功的可能性。

（2）确定研究的范围。确定可行性研究的范围，要明确研究所要做的工作和研究工作的一些约束条件（质量、成本、时间等）。项目经理必须明确为方案决策者提供什么样的信息，以便他们对各个备选方案进行评选。

（3）引入外部专家。可以邀请外部专家加入可行性研究的核心团队。如果仅仅是临时调用，需要得到有关方面的许可。

（4）为可行性研究做出计划。 进行项目可行性研究可以有效规避风险，克服投资的盲目性，从而避免投资损失。所制订的计划包括里程碑计划和职责表。里程碑计划应该划分出可行性研究的关键阶段，定义中间报告和最终报告，还应该包括会议和数据收集，等等。计划应该确保从不同角度进行调研，强调那些后备考察项和它们之间的相互关系，还要确保从不同角度的调研能够综合在一起。所做的计划既要保持相对稳定，也要有一定的灵活性来应对没有预见到的变化。

（5）为可行性研究做好预算和进度安排。为可行性研究制订时间表和安排预算。时间和预算要计划充分，要能够对备选方案进行有深度的研究，否则将影响项目整体的可行性。此外，需要注意的是，预算是为了做好适度的可行性研究，而不是为了在设计和评估阶段进行更深层次的调研。

3. 管理可行性研究

一旦制订了可行性研究计划，就要对它进行管理。下面是管理可行性研究的三个主要内容。

（1）明确组织职责。要明确组织的职责，首先需要构建一种基于里程碑式的、有针对性的、灵活的团队组织结构。团队成员要清楚期望得到什么、什么时候得到。他们同时也需要明确如何能够使自己的工作与可行性研究的框架一致，知道该向谁进行工作汇报。这就要求角色和责任定义清晰。职责表是一个非常有效的工具。职责表是结合项目组织机构和工作分解结构制订出的表，可以使将工作范围内的每一个要素都分解到相关负责人。

（2）做好内部沟通。可行性研究的实施要求团队成员之间进行充分沟通。项目经理应该与项目出资方频繁沟通，确保研究目标符合出资方的要求，确保任何需求的变化都能被识别出来。同时，团队也应保持良好的内部沟通。沟通体系要能够保证所收集的信息对团队成员而言，是容易查询和获得的。

（3）协调控制。项目经理承担对可行性研究进行控制的责任。必须确保项目的各个里程碑能够按时完成，并确保所有里程碑完成后能够及时得出最终的研究报告。

项目经理在进行项目决策之前，一定要做好项目可行性研究，盲目上项目会铸成大错。

关键点提示

做好可行性研究需要做好如下工作：

1.了解可行性研究的目的；2.考察备选方案；3.要有足够的信息用于评价各个备选方案；4.组建经验丰富的管理团队；5.引入外部专家；6.为可行性研究做出计划；7.明确组织职责；8.做好协调沟通。

1.3 如何进行项目构思

工作场景描述

当要为项目做前期构思时，可查看。

解读与分析

一个成功的、令客户满意的项目构思不是一蹴而就的，需要一个逐渐发展的过程。项目构思一般分为三个阶段，即准备阶段、酝酿阶段和调整完善阶段。

1. 准备阶段：研究整理获取相关信息

项目构思是针对客户的需求对和项目有关的信息进行加工整理，去粗取精，形成合适的项目方案的过程。项目构思准备阶段的工作一般包括如下具体内容。

（1）明确拟订构思项目的性质和范围。只有明确项目的性质和范围，才能知道需要什么样的人参与到项目构思中来。

（2）调查研究、收集资料和信息。收集项目的相关信息可以帮助项目经理更好地了解项目的背景和环境，以便做出更合适的项目构思。

（3）整理、研究资料和信息。所收集的信息不都适合于进行项目构思，要对其进行甄别，去粗取精。可通过分类、组合、演绎、归纳、分析等多种方法，从所获取的资料和信息中挖掘出有用的信息或资源。

2. 酝酿阶段：比较分析产生创意

酝酿阶段一般包括比较分析、创意出现、构思诞生三个过程。

（1）比较分析。就是把所拥有的资料和信息与所要构思的项目联系起来，经过全面、系统、反复的思考，进行比较分析，从而得出对项目构思有用的信息。项目构思的过程既是逐渐发展的过程，也是一个逻辑思维和非逻辑思维交融的过程，在这一过程里“灵机一动”往往非常重要。

（2）创意出现。创意往往是在大量思考活动中所出现的，与项目有关，具有一定新意。但又不完全成熟的某些想法或构思。创意的出现事实上也可以看作以人的智力以及大脑中的信息、知识为基础，通过综合、类比、借鉴、推理而得出某些想法和构思的逻辑思维过程。只不过在这一逻辑思维活动中，有关项目构思的某些细节、某些方面还不十分清晰，有时有关项目的一些想法或构思一闪即逝，往往不能被人的意识所捕捉。因此，创意的出现是项目构思者的大脑在有意识活动中，逻辑思维和非逻辑思维相互交融的一种结果。

（3）构思诞生。构思诞生是指通过多次、多方面的创意出现和反复思考，形成了项目的初步轮廓，并用语言、文字、图形等可记录的方式明确地表现出来。

项目构思的酝酿阶段是整个项目规划的基础，也是项目构思进一步深入的切入点。在这一阶段中，项目构思者能否捕捉到思维活动中随机出现的一闪即逝的想法非常重要，许多成功的项目构思者在后来的回忆中说，有时正是这一瞬间迸发的灵感火花，决定着整个项目的蓝图，或为整个项目的构思指明了方向。

3. 调整完善阶段：甄选归纳补充完善

项目构思的调整完善阶段，是从项目初步构思的诞生到项目构思完善的整个过程，它包含发展、评估、定形三个具体阶段。

（1）发展。所谓项目构思的发展，就是将诞生的项目构思进行进一步的分析和设计，去除构思中不切实际、不完善的地方，同时在外延和内涵上对其做进一步补充，使整个构思趋于完善。

（2）评估。评估就是对已形成的项目构思进行分析评价，或是对形成的多个构思方案进行评价筛选。在这一过程中，需要从项目组织中，甚至从外部聘请一些有关方面的技术专家、顾问，进行集体会商和研究，选取专业人员使已形成的项目构思尽可能地完善或符合客观条件。

（3）定型。要对已通过发展和评估阶段的项目构思做进一步的调查分析。调查分析的内容有：是否能使客户满意，是否适合实际环境，资源是否充足，成本是否合理，实施后的项目能否取得预期的经济效益，等等。在此基础上，项目经理将项目的构思细化成具体可操作的项目方案。在细化过程中，若发现不完善或不合理之处，项目经理应立即进行改进、修正，至此，整个项目构思或项目方案得以定型。

以上三个阶段及若干个步骤，体现了项目构思的发展过程，只有每一个阶段、每一个步骤的工作都做扎实了，才能产生理想的项目方案。

关键点提示

进行项目构思的三个阶段要做的工作：

1.准备阶段：研究整理获取相关信息；2.酝酿阶段：比较分析产生创意；3.调整完善阶段：甄选归纳补充完善。

1.4 如何灵活运用项目构思方法

工作场景描述

当想制订一份合理的项目构思方案时，可查看。

解读与分析

合理的项目构思方法有助于项目经理和团队制订新颖、合理且完善的项目方案。

项目构思是一种创造性活动，无固定模式或现成的方法可循，项目经理需要对具体情况进行具体分析。尽管如此，仍有一些常用的分析构思方法可供借鉴、参考。以下介绍的是项目构思中常用的几种方法。

1. 混合构思法

简单地说，混合构思法就是把两个或两个以上的项目相结合，形成新项目。这是项目构思时常采用的最简单的方法。投资者（或客户）为适应市场需要，提高项目的整体效益和市场竞争力，往往会依据项目特征和自身条件，将企业自有或社会现有的几个相关项目结合起来形成一个新项目。此种构思方法适用于在市场上已经取得了很好效果的项目，因而不需要做太多的市场调查。另外，实施该项目的企业往往是规模相对较大的，实力相对较强的企业。

2. 比较分析法

运用这种项目构思方法时，项目策划者通过对自己所掌握或熟悉的某个或多个特定的项目（既可以是典型的成功项目，也可以是不成功的项目）进行纵向分析或横向联想比较，从而挖掘和发现项目投资的新机会。这种方法对现在的项目从内涵和外延上进行研究和反复思考，因而比混合构思法要复杂些，要求项目策划者具有一定的思维深度，并掌握大量有价值的信息。

3. 集体创造法

成功的项目构思所涉及的因素很多，需要构思者有广阔的知识面，掌握大量的商业信息以及进行多方向、多层次的思维。单靠投资者本人或某些项目构思者，往往很难顺利完成项目构思。因此，发挥集体的力量，依靠多方智慧进行项目构思是十分重要的。进行集体构思时，可以取长补短，相互启发不同思维观点交织碰撞，从而得到完善的项目构思方案。集体创造法通常有如下几种。

（1）头脑风暴法。头脑风暴法又称脑力刺激法、智力激励法，创造过程的中心是“发现设想，提出新构思”。开展这种集体创造活动时，需要召集较多的人员参加，一般以6～12人为宜，共同畅谈讨论。畅谈讨论需要遵循以下两个原则和四条规定。

两个原则：一是讨论者应自由表达自己的想法，任何人暂时不要对他人的想法做任何评价，以使发言者畅所欲言；二是大量的想法中必定包含有价值的内容，会后，项目经理要进行全面综合的评析，认真归纳总结，从中找出有价值和新颖的设想。

四条规定：一是不许批评他人的想法；二是鼓励与会者畅所欲言；三是鼓励与会者多提设想和看法；四是追求综合改进。

头脑风暴法既可用来对整个项目方案进行构思，也可以用来解决项目中的某个具体问题或改进某个局部方案。

（2）集体问卷法。给每位参加集体创造的人一份罗列了与项目构思相关的主要问题的问卷，要求每个人在一定的时间内，将问题的解决办法以及对项目投资的某些设想和看法写在问卷上，然后将问卷收回，汇集整理内容并加以总结，再进行集体讨论，做进一步的研究、比较和筛选，最后形成一致的方案。这种方法将意见调查法和头脑风暴法结合使用，效果较好，经常被采用。

（3）逆向头脑风暴法。此方法只适用于讨论、修订存在缺陷，应该加以改进和完善的项目初步方案。具体操作方法是召集所有参加项目构思的人集中研究讨论项目构思中的不足，并寻求最佳解决方案。这不是进行新的项目构思，而是对原有构思进行修改、补充和完善。

以上三种方法并不是相互孤立的，在恰当的时候并用，会产生更好的效果，获得意想不到的好处。

关键点提示

项目构思可以运用的方法有：

1.混合构思法；2.比较分析法；3.集体创造法。

1.5 如何编制里程碑计划

工作场景描述

当想编制一份好的里程碑计划时，可查看。

解读与分析

里程碑计划是一个战略计划或项目的框架，以可交付成果清单为依据，显示了项目为达到最终目标必须经过的阶段或状态。它描述了每一阶段所要达到的状态。

里程碑是项目中的重大事件或关键事件，是项目阶段性工作的标志，通常指一个可交付成果的完成。编制里程碑计划对项目的目标和范围管理很重要，好的里程碑计划就像一张地图，可以指导人们怎么走。最好由项目的关键管理者和关键人员召开项目启动专题会议，共同讨论和制订里程碑计划。这种集体参与的方式比项目经理独自制订里程碑计划并强行要求项目组执行要好得多，它可以使里程碑计划获得更大范围的支持。一般启动专题会议的参会人数不应超过6人。编制里程碑计划的具体步骤如下。

1. 认可最终的里程碑

要求参会人员一致认可最终的里程碑。这项工作在准备项目定义报告时就应完成。

2. 集体讨论所有可能产生的里程碑

集体讨论所有可能的里程碑，与会人员可利用头脑风暴法，把自己的观点一一记录下来。一个好的里程碑的突出特点是：项目参与者对此里程碑毫无疑义，不需要进行太多说明，如“新船下水仪式”。

3. 审核备选里程碑

项目经理要审核所有备选的里程碑，备选中有的是另一个里程碑的一部分，有的则是活动，不能算里程碑，但这些活动可以帮助项目经理明确认识一些里程碑。整理这些里程碑之间的关系时，应该记录下项目经理的判断，尤其是判定那些具有包含关系的里程碑时。

4. 标出结果路径并调整里程碑顺序

把各个里程碑的结果路径写在白板上，把每个里程碑写在一片便事贴上，按照它们的发生顺序进行适当调整。

5. 用连线表示各里程碑之间的逻辑关系

用连线表示各里程碑之间的逻辑关系，是指从项目最终产品开始，用倒推法画出各里程碑之间的逻辑关系。这个步骤有可能会促使项目经理重新思考里程碑的定义，也有可能会添加新的里程碑，合并里程碑，甚至会改变对结果路径的定义。

6. 确定最终的里程碑计划

经过以上五个步骤，可以确定最终的里程碑计划了。将里程碑计划纳入整个项目计划中，项目经理的里程碑计划编制工作就完成了。

以上是编制里程碑计划常用的步骤，在实践中不要拘泥于形式，灵活运用即可。

关键点提示

编制里程碑计划的步骤是：

1.认可最终的里程碑；2.集体讨论所有可能产生的里程碑；3.审核备选里程碑；4.标出结果路径并调整里程碑顺序；5.用连线表示里程碑之间的逻辑关系；6.确定最终的里程碑计划。

1.6 如何选择里程碑

工作场景描述

当想使里程碑计划能准确把握客户对项目的需求并达到所希望的目标时，可查看。

解读与分析

一个好的里程碑计划对项目的最终完成是有很大推动作用的，那么，如何选择里程碑呢？下面是选择里程碑时应该注意的几方面的内容。

1. 选择易于理解的里程碑

里程碑计划作为一种工具，建立了在一个共同远景目标之下所有项目参与人的合作关系与约束关系。因此，它必须是被所有参与项目人所理解的。这就要求里程碑要用易于理解的语言来表达，而不能用仅能被少数人理解的专业术语表达。

2. 选择在定量与定性方面可控制的里程碑

对里程碑的描述必须是精确的，这样才能使项目经理确认达到里程碑的时间。技术性的里程碑应给予定量描述，其他里程碑必须给予定性描述，描述中应含有一些关于里程碑完成质量的量度标准。

3. 选择关注决策的里程碑

里程碑代表了通向最终项目成果的途径中的各个工作节点。项目经理感兴趣的往往不是设计方案或者项目报告，而是那些需要作出决策的里程碑节点。当然，做决策是要以设计方案或者项目报告为基础的，决策确定了进一步要做的工作，并且考虑了项目需要交付的成果，而且保证整个项目实施过程是可控的。

4. 选择在恰当的层次上具有代表性的里程碑

单面概述的目标就是能够只在一张纸上表述一个计划，它能清晰地表述出这个项目的策略。只有当里程碑的数量与工作区域是有限的时候，才能使用单页记录，所以里程碑数量太少，编制出的计划就无法提供一个有用的网络结构；里程碑数量太多，编制出的计划又会变得杂乱不清。最理想的里程碑数量应是十几个。对里程碑数量的限定决定了工作包的大小，而不是通过工作包的大小来决定里程碑数量。当项目规模较小时，只需编制里程碑计划；当项目规模很大时，里程碑计划就是整体项目计划中的一个层次，需要进一步细化。这时，项目经理就要选择那些在恰当的层次上具有代表性的里程碑来编制里程碑计划。

掌握了以上选择里程碑应该注意的事项后，项目经理就可以选择合适的里程碑了。

关键点提示

选择里程碑时应该关注的是：

1.选择易于理解的里程碑；2.选择在定量与定性方面是可控制的里程碑；3.选择关注决策的里程碑；4.选择在恰当的层次上具有代表性的里程碑。

1.7 如何制订工作分解结构

> **工作场景描述**
>
> 当想制订工作分解结构时，可查看。

解读与分析

项目经理在在制订工作分解结构时要做的工作：查阅类似项目中制订工作分解结构的信息，对不能确定的工作先作出假设。记住，工作分解结构只能确定一项工作活动的各个子要素，不能描述要做的工作的顺序。

如何制订工作分解结构取决于项目经理和工作组成员对项目的熟悉程度，过去是否成功做过类似的项目以及使用过多少种新的方法和手段。根据项目的特点，选择下面两种方法将有助于项目经理制订工作分解结构。

1. 应用自上而下法制订工作分解结构

自上而下法是从最高层次开始系统地为所有作业制订不断增加的层次细节，对熟悉的项目最好使用此方法，其步骤如下。

（1）详细说明将要完成的整个项目的所有工作任务。

（2）确定完成每一个工作任务所需完成的子任务。

（3）详细说明完成每一个工作任务所需完成的子任务。这一点要看是否有必要，也就是看它下面是否还有子任务。

（4）继续使用上面的方法，直到项目经理已经足够详细地描述了整个项目。

2. 应用集思广益法制订工作分解结构

集思广益法适用于项目经理和工作组成员以前没有做过的、不熟悉的项目。项目经理可以记录能够想到的所有必须做的工作，然后将它们分类。其步骤如下。

（1）在一个单独的清单上记下项目经理认为必须要对项目做的所有工作。在记录时不要担心重叠或者某些细节的层次，不要讨论工作的措辞或其他细节，不要对工作的适当性做任何评判，要把每件事都记下来。

（2）研究清单。把工作分成具有共同特征的几个主要类别，并注意各类别必须是按照同一个标准划分的。

（3）把一个特定工作任务中的工作分为一些小任务。

（4）使用自上而下法来确定可能遗漏的、任何需要追加的工作。

项目经理对工作进行分类后，可以把每一类别的工作分别写在笔记本中，并一页一页贴在墙上，以便随时查看。随着思考的不断完善，项目经理可以进行添加、删除或重组工作。

以上两种方法是制订工作分解结构的基本方法，相信能给项目经理在制定工作分解结构时提供帮助。

关键点提示

制订工作分解结构的方法有：

1.自上而下法；2.集思广益法。

1.8　如何制订并完善工作分解结构样板

工作场景描述

当想制订并完善工作分解结构样板时，可查看。

解读与分析

工作分解结构样板就是预先设计的工作分解结构，它包含了项目中的典型工作。要想做好项目规划，不断完善工作分解结构样板很有必要。利用经验来制订样板可以节省时间，提高准确性。项目经理在制订、完善工作分解结构样板时，需要做好以下工作。

1. 为经常执行的任务和整个项目制订样板

为经常执行的任务制订样板，这有助于以后的工作分解。对一个完整的项目来说，各项任务可融入一个更大的工作分解结构中。

2. 根据以前做项目的经验制订和修改工作分解结构样板

项目经理常常在项目开始时就制订了一个详细的工作分解结构，但在实际工作的时候，对于增加一些最初制订的项目计划中所忽略的、没有及时改进的工作，往往措手不及。因而，在项目开始时，如果项目经理仅根据准备好的工作分解结构更新工作分解结构样板，就不能反映实际工作过程中的情况。因此，项目经理要根据以前做过的项目的经验来制订工作分解结构，而不是根据看起来很完美的计划来制订。

3. 严格验证工作分解结构样板

工作分解结构样板只是项目工作分解结构的雏形，而不是最终版本。当前项目和以前的项目即使相似，也存在不同之处，如果样板没有经过严格验证，项目经理就会遗漏一些以前没有做过而当前项目却包含的工作。

4. 根据以前做项目的经验不断更新工作分解结构样板

对过去项目的评估是检验和鉴定项目工作分解结构的好机会，因此项目经理不可忽视以前的工作，要经常反思，找出工作中的不足及不足的原因，从而完善项目经理为现在的项目所做的工作分解结构样板。当用一个改进很大的样板去制订工作分解结构时，不要阻止其他人的积极参与。

以上是制订并完善工作分解结构样板的一些常用的方法和技巧，如果项目经理能合理运用到工作中去，一定会使工作效率得到提高。

关键点提示

制订工作分解结构样板的方法：

1.为经常执行的任务制订样板，也为整个项目制订样板；2.根据以前做过的项目经验制订和修改工作分解结构样板；3.严格验证工作分解结构样板；4.根据以前做过项目的经验不断更新工作分解结构样板。

1.9　如何作出合理的项目变更

工作场景描述

当项目的目标、范围等发生变化而需要进行合理的变更时，可查看。

解读与分析

为了作出合理、正确的项目变更，项目经理同项目团队成员交流、协商是行之有效的方法。当项目的目标、范围发生变化时，项目经理同团队成员交流，向他们询问变更的方案，能避免决策时的盲目性，同时可以避免团队成员之间产生对抗情绪。项目变更决策是针对新情况制订的，所以必须同项目团队成员交流、协商。

在同团队成员协商作出变更决策之后，项目经理可以采取如下步骤，以确保项目变更达到既定效果。

1. 明确界定项目变更的目标

项目变更并非随便之举，变更的真实目的是解决问题，更好地满足客户的需求。如果变更后项目的目标模糊不清，团队成员就难以确定努力的方向，即使项目团队完成了项目，也难以确定实现的目标是否能真正满足客户的需求。

2. 把项目变更融入项目计划中

把项目变化融入项目计划中，是一个新的项目规划过程，只不过这一规划过程是以原来的项目计划为框架，在考察项目变更的基础上完成的。通过新旧计划的对比，项目经理可以清楚地看到项目变更对项目预算、项目进度以及资源配置的影响。

3. 选择变更幅度最小的方案

项目的目标、预算、团队成员以及进度是决定项目计划能否顺利实现的主要因素，作出项目变更时，应力求在尽可能小的变动幅度内对这些主要因素进行微调。如果它们发生较大的变动，就意味着项目计划的彻底变更，这会使目前的工作陷入瘫痪状态。在作出项目变更决策后，还需要做相应的后续工作，才能保证项目变更的顺利进行。

4. 做好详尽的项目变更记录

对项目变更的监控是一个动态的过程，它始于项目的变化，终于项目计划修订的完成。在这一过程中，拥有充分的信息、掌握第一手的资料，是对项目作合理变更的前提条件，而记录这一变化过程，本身就是监控的主要内容。

5. 及时发布变更信息

在项目发生变更时，只有项目管理层人员和部分项目关键人员才清楚和控制着这一变化过程，而其他更多的团队成员并未获得项目变更的完全信息。因此，当项目管理层人员作出项目变更决策时，应及时将变更信息和方案公之于众。

项目变更是项目管理中一个重要的方面，项目经理只有掌握了项目变更的方法和步骤，才能对项目作出合理的变更。

关键点提示

确保项目变更达到既定效果采取的步骤：

1.明确界定项目变更的目标；2.把项目变化融入项目计划中；3.选择变更幅度最小的方案；4.做好详尽的项目变更记录；5.及时发布项目变更信息。

1.10 如何建立项目变更控制程序

工作场景描述

当想建立一套程序来有效控制项目变更时，可查看。

解读与分析

项目变更应以其可行性为基础，对项目变更实施有效控制是非常重要的。项目经理应该建立起一套有效的变更控制程序来控制和实施项目的变更，从而减少人力、物力、财力的浪费。

项目变更必须经项目组和客户双方确定后方可执行，任何一方不可擅自做主。即便项目组提出的变更对客户是有利的，也必须征得客户方的同意。下面这些指导性建议如果在合理、严格的前提下加以应用，就可以建立起一个有效的变更控制程序。

1. 建立描述性文件

所有项目合同或协议，必须包括对如何在项目计划、预算或者可交付成果中列出需要实施变更的描述。这样项目变更的地方便一目了然了，有助于管理层适时掌握项目的实施情况，对项目是否需要变更作出决策。

2. 变更要以变更指令的形式存在

所谓变更指令就是获得变更的命令，也就是谁让项目经理对项目的计划、安排等进行变更，通常由上级管理层发出。项目中的任何一个变更都应以变更指令的形式存在，变更指令包括对达成一致的变更以及那些基于该变更所产生的计划、预算、进度和可交付成果的各种变更的描述。变更指令是项目经理对项目实施变更的依据，一方面它可以保证项目变更顺利实施；另一方面，如果项目变更出现对项目不利的情况，变更指令可以有效减轻项目经理的责任。

3. 变更要获得书面的批准

各种变更都必须获得书面批准，这种批准是由客户代理人或负责实施项目的企业高级管理层的代表来完成的。由于各种变更会对项目产生很大的影响，属于项目管理层的重大决策，因此，变更的程序、步骤等都要经过管理层书面批准，并载入文件归档。这是项目经理进行项目管理必须遵守的程序，可以使项目经理对因变更失误产生的后果承担有限的责任。项目团队和客户之间的互动行为应该通过建立书面文件而规范化。

4. 接受对预期变更的咨询

在准备和批准变更指令之前，项目经理必须接受所有对预期变更的咨询。项目经理并非对上级管理层做到有令必行，而是应该对管理层作出的变更指令进行研究，看变更是否合适，是否有必要。项目经理对项目是否变更没有决定权，但是可以为决策者提出意见和建议，以确保项目的变更是合适的、可行的。

5. 根据变更指令修改主体计划

一旦变更指令准备完毕，并且获得了批准，项目经理就应该向项目组成员传达变更指令，并按照指令开始对项目进行变更，同时调整人员、进度、资源计划。项目的主体计划也要根据变更指令进行修改，同时将变更指令归到项目主体计划里面，使其成为项目主体计划的一部分。

建立项目变更控制程序是为作出合理的项目变更决策服务的，虽然其程序并不复杂，但是做起来并不简单。项目经理需要在实践中灵活掌握，方能作出合理的项目变更决策。

关键点提示

建立项目变更控制程序包括：

1.建立描述性文件；2.将变更以变更指令的形式存在；3.变更要获得书面的批准；4.接受对预期变更的咨询；5.根据变更指令修改主体计划。

1.11 如何量化目标

工作场景描述

当要获得具体化、数量化的理想目标时，可查看。

解读与分析

目标的量化对于目标的设定和执行有着非常重要的意义。要设定和表达企业员工心目中的目标，关键是要将目标具体化和数量化，即便是无法数量化的目标，也要设法明确。进行目标量化应该做好以下工作。

1. 整理工作项目

首先从员工自己担任的职务中挑出比较重要的事项，这些重要的事项是使自己的职务成立的要件。然后考虑这些事项具体有哪些工作要做。最后检测评估成果，以明确应如何加以整理此类工作项目。

2. 挑选重点项目

考虑到与上级目标关联的问题，项目经理比较容易择定重要目标项目。可以通过各职位的职务说明书中的职位分类或职责，找到并选出重要工作的线索。

3. 重点目标具体化

将目标项目具体化、定量化，项目经理要考虑评定此目标的各种项目，即如何将此目标项目以具体化的方式来加以评定。比如：利用进度表加以控制，或是利用百分比选出最适合此目标项目的单位。

4. 量化重点目标

选定重点目标的具体数值单位后，以此数值作为目标达成度的基准衡量单位。对自己工作的状态应有正确的掌握，尤其对解决问题的条件要事先整理好，然后才能与自己的能力相配合，设定目标的最高限，如“500万元业绩”“回收率95%”等。

总之，量化目标是目标设定的一个非常重要的工作，项目经理在目标管理过程中，对此必须有清醒的认识。

关键点提示

要量化目标，就必须做到以下几点：

1.整理工作项目；2.挑选重点项目；3.重点目标具体化；4.量化重点目标。

1.12 如何判断目标的合理性

工作场景描述

当要判断所设目标是否是理想的目标时，可查看。

解读与分析

如果企业的各级目标已经确定，可以从以下几个方面检验它们是否理想。

1. 符合企业整体目标和经营策略

企业整体目标和经营策略是企业发展的总体方向，各部门及个人的目标都要符合企业整体目标和经营策略，否则目标执行人员在执行目标的过程中会无所适从，不但会降低目标执行效果，甚至还可能会损害企业的整体效益。

2. 不脱离实际

目标并不是制订得越高越好。无法达成的目标毫无意义，不必努力也很容易达成的目标也毫无意义。目标要制订得比个人能力所及稍高一点，应具有挑战性。通过努力可达到的目标，才是理想的目标。

3. 适当的目标项目与目标水准

目标越完善越好。如果某一目标的完全达成是以牺牲其他目标为代价，这对企业来说，是不理想的状态。

4. 具体化、数量化

理想的目标内容应能够用具体方式、具体数字表达规定期限内应完成的目标成果。理想的目标还应是数量化的，要能陈述实施的具体内容，在实施过程中有明确的标准。

5. 系统化

有些工作确实很难定量化，但也不能以空话作为目标，必须设法将目标系统化，并且添加时间表。有定量或具体的目标和明确的实施程序，在实施目标管理过程中，就便于追踪及进行期终自我检讨，在自我评定成果时更加容易。

6. 细化目标

设定目标时，如果有太多的构想，是不可能提高工作成果的。目标过多，势必分散力量，此时需要决定重点或细化目标。如果在提案内的目标包含全部应有的工作项目，则目标会排列很多项目，这就有必要突出重点，选择重点项目作为目标。

7. 要与上级的目标协调统一

设定个人目标时，必须根据上级已定的目标及方针来进行。如果未能与上级目标相连贯，不管目标多完善，也不能统一为一体，对整体目标及成果会有反作用。

8. 与各部门的目标相互配合

同级的目标，如不进行横向联系与配合，就无法圆满达成总目标。若本身所定的目标牵涉其他部门，应请上级协调，将此共同目标列入相关部门的目标之中。

9. 符合企业目标体系

员工所设定的目标，不仅要恰当，还应符合企业整体需求，要成为企业目标体系内的一分子，形成自己的一套个人目标体系。个人目标达成后，不仅可以提高员工本身的成就感，更因其符合企业整体目标，还有助于企业整体目标的达成，提升员工的荣誉感、参与感。

10. 体现员工意愿

员工的个人目标必须配合企业整体的总目标，而且要与主管目标相联结。若员工在主观意识上缺乏主动性、配合意识和自我成长意识，目标也必然无法达成。

11. 平衡长期目标与短期目标

目标达成度是在期末成果评估中确定的，因此重点往往放在近期业绩的提升上。重点究竟应放在长期目标或短期目标，因企业具体情形不同而难以一概而论。应该注意的是，哪一个目标对企业的影响较大，重点就应放在哪一方面。

12. 目标相互关联

各部门的目标并非自行订立，而是互相有关联的。横向互相协助，可以弥补对方的不足；也可以使目标的达成变得更容易。

13. 依重要程度排列

要将所选择出来的目标，依照重要程度加以排列，力求重点指向更清楚。这可节省无谓的努力，可以用同样程度的努力获得更多的成果。

总之，合理的目标应具备一些标准，管理者应根据企业自身的条件和目标管理的推进要求，对本企业设定的目标进行合理的判断，发现不足之处应着手改正。

关键点提示

判断目标的合理性可参照以下标准：

1.符合企业整体目标和经营策略；2.不脱离实际；3.适当的目标项目与目标水准；4.具体化、数量化；5.系统化；6.细化目标；7.要与上级目标有关；8.与各部门目标相配合；9.符合企业目标体系；10.体现员工意愿；11.平衡长期目标与短期目标；12.目标相互关联；13.依重要程度排列。

1.13 如何确定目标设定方式

工作场景描述

当要设定目标，选择其具体设定方式时，可查看。

解读与分析

如果管理者要设定目标，应如何确定目标设定的方式呢？成功的管理者一般会从以下三种方式中进行选择。

1. 从上至下

采用“从上至下”的方式（也叫“下行沟通”）来磋商及设定目标，即先由最高管理者公布总目标方案，然后依次分派部门目标方案及个人目标方案。若各级主管对分派的结果没有异议，则总目标即告定案，部门目标与个人目标也相继确定。

利用“从上至下”的方式设定目标，可以逐级向下，传达具体目标指示，使员工对目标本身及目标与其他组织任务的关系有所了解，提供目标设定程序和实施的信息，向下属提供其目标绩效的回馈信息；向员工说明企业经营战略目标，激发员工的使命感等。

如今，各企业组织内变革加速，关系日益复杂，协调组织内各管理层次的工作，维持组织及员工之间的密切联系显得至关重要。这就说明，下行沟通必须成为管理者的主要沟通方式。

但是，并不是说下行沟通可以代替其他沟通。它也存着一些不利因素，如：由于下行沟通带有“唯我独尊”的特点，容易促进权威，损伤士气；信息的大量下传，受影响的人数逐渐增多，造成下属负担加重；信息自上而下层层传递，往往过程迟缓，甚至会发生信息被歪曲等情况。

2. 由下而上

采用“由下而上”的方式来设定目标，即由基层主管考察实际情况，将分派而来的个人目标方案酌情修改，并呈送直接主管核定后正式确定。因此“由下而上”设定目标能满足下属自我实现的需求，而使其全力以赴去达成目标。

“由下而上”设定目标具有启发性，通常有利于创造民主的氛围。通过这种民主，有效的上行设定方式，管理者不仅能够评价下属的绩效，而且能够了解员工目前所面临的各种问题。通常，上行设定涉及员工方面的信息主要包括：员工的工作绩效与达到目标的程度；员工未能解决和当前所面临的问题；各种组织改进意见与建议；员工对工作、同事和组织的态度与想法等。

3. 协商定案

“协商定案”的方式是，先公布总目标方案，经与各部门主管磋商并获同意后确定方案；然后部门主管依据总目标设定部门的目标方案，经与相关主管商讨并获得支持后定案；最后，各级主管依据部门目标，拟订自己的个人目标方案，经与部门成员协商后定案。

采用“协商定案”是为了争取时间。有时，为了尽快决策，信息必须超越组织层次的级别进行传递。采用“协商定案”是为增加组织内各部门之间的协调程度。

当然，前述的几种方式各有优劣。其中，“从上至下”“由下而上”是组织内最正式、最重要的目标设定方式。但这种纵向目标设定方式在发挥作用的同时，也给管理者带来了许多问题。如：因为上行设定和下行设定经由不同的管理层次，所以会导致信息曲解、失真等不良现象；因为纵向目标设定方式涉及不同层次的管理者，所以必须考虑权力与地位的影响；高层领导人对待沟通的态度，对沟通成败具有直接影响。而“协商定案”是对纵向目标设定方式的有效补充，是应纵向目标设定方式的需要而产生的。它与纵向目标设定方式共同组成企业组织内部“三位一体”的目标设定模式。

总之，目标的设定包括企业总目标、部门目标和个人目标的设定，而目标设定的方式也有不同的种类，包括从上至下、由下而上、协商定案等，这些方式各有优缺点，管理者应根据企业自身情况，选择合适的目标设定方式。

关键点提示

目标设定的方式有以下三种：

1.从上至下；2.由下而上；3.协商定案。

1.14 如何运用目标设定技巧

工作场景描述

当要掌握目标设定的基本技巧时，可查看。

解读与分析

要使设定的目标更加准确，就必须掌握一些目标设定的基本技巧。在设定目标时，管理者要重视如下技巧的运用。

1. 了解目标设定目的

要有效地制订目标，管理者首先必须了解制订目标的两个基本目的。

（1）为企业树立一个“射击目标”。

（2）为制订其他目标和计划提供一个参考。“射击目标”并不要求每次都击中靶心，但要击中靶。参考目标实现过程中所采用的方法和步骤。

2. 正确阐明目标内容

要有效制订目标，就要正确阐明目标的内容，内容要具体，简明扼要，有明确的时间幅度。

（1）具体指对目标要达到的内容应具体阐述清楚。

（2）简明扼要指不必一字一句地叙述目标可能包括的所有问题。

（3）对所涉及任务的完成时间，都应有具体时间幅度规定。时间幅度指一个好的目标应规定的具体时间幅度范围——是短期、中期目标还是长期目标。

3. 保证目标一致性

必须保证本组织内的各种目标——“水平”与“垂直”的目标都要与总目标一致。

（1）“水平”目标一致性指本部门同一级水平组织的目标相互一致。

（2）“垂直”目标一致性是指个人的目标要与小组的目标一致，下级的目标要同上级的目标一致，各部门的目标要与整个组织的目标一致。

4. 设定中间目标

如果达成目标的期限太长，在执行中一旦出现错误，就会出现目标脱离方向的危险；如果目标太过远大，执行人员往往在中途出现厌倦情绪，不想执行。当遇到巨大阻碍无法达成预定目标时，执行人员会心灰意冷。

为了防止这些现象，重要的方法就是确立中间目标。例如，如果一次要提高15%的效率不太可能，就可以分为三期进行，每一年提高5%，这样不但可以扎实地进步，而且也可以把目标的执行延续至最后阶段。

5. 明确目标责任

管理者对目标的确认以及为此所承担的责任，是目标制订程序中最关键的内容。如果未经管理者认可，有些员工就可能不承认这个目标，更不会全力以赴去实现这个目标。

要使组织内的所有人都接受既定的组织目标并为之共同努力，首先要求管理者应以实际行动来表明自己对目标的赞同和认可，同时，应该尽可能让所有人都能在目标制订过程中，有适当的参与权利，确保上下各级目标存在相互联系，并愿意为此承担自己的责任。如果大家都认可，并认为有关的奖惩制度明确而合理的话，自然就愿意共同努力，为实现目标而尽自己的责任。

6. 形成有效的奖惩制度

在目标的制订过程中，应注意建立有效的奖惩制度。有效的奖惩制度能促进目标的制订和实现。凡是在目标制订过程中做出贡献的人和成功完成目标的人员，都应受到奖励。对未能完成目标的人，则究其原因并给予惩罚。

应该说，设定目标的技巧有很多，管理者在目标设定过程中，应该根据具体的目标要求，运用合适的目标设定技巧，提高目标设定的合理性和有效性。

关键点提示

运用设定目标的技巧可以从以下几方面着手：

1.了解目标设定目的；2.正确阐明目标内容；3.保证目标一致性；4.设定中间目标；5.明确目标责任；6.形成有效的奖惩制度。

1.15 如何应用SMART原则提高目标设定的效果

工作场景描述

当要使用SMART原则，提高设定目标的有效性时，可查看。

解读与分析

SMART原则是一种科学的制订绩效指标方法，已经被广泛应用到各个领域。企业在设定目标时可以应用SMART原则来提高目标设定的有效性。管理者在应用SMART原则时要做好以下工作。

1. 明确SMART原则的内容

（1）可确定的（Specific）。目标必须是明确、具体的。目标的工作量、达成日期、责任人、资源等都应是一定的、可以明确的。具体就是与员工的工作职责或部门的职能相对应的工作。

（2）可衡量的（Measurable）。如果目标无法衡量，就无法告诉执行者要到哪里去。如果没有衡量标准，目标在执行过程中就会出现很多问题，目标的具体执行者就会少做工作，尽量减少自己的工作量和为此付出的努力，因为他们认为没有具体的指标要求他们的工作必须要做到什么地步，只要似是而非地做些工作就可以了。

（3）可接受的（Acceptable）。目标必须是可以被目标执行者所接受的。这里所说的接受是指执行者真正地愿意接受、认同这一目标。

（4）现实可行的（Realistic）。目标在现实条件下不可行，常常是由于管理者乐观地估计了当前的形势。他一方面可能过高估计了达成目标所需要的各种条件，制订了不恰当的工作目标；另一方面可能错误地理解了企业目标，主观地认为下属能够完成现在那份工作，但从客观的角度来看，目标无法实现。从最基本的方面看，一个无法实现的目标是无法保证目标管理顺利进行下去的。

（5）有时间限制的（Time Indication）。如果没有事先约定的时间限制，每个人就会对一项工作的完成时间产生自己的理解。比如主管认为下属应该早点完成工作，下属却认为不用着急；等到主管要下属呈交工作结果的时候，下属尚未完成工作，于是主管指责下属工作不力，对下属做出不好的工作评价，下属却觉得非常委屈和不满。如此一来，不仅伤害了下属的热情，还会让下属感到上司不公平。

2. 根据 SMART 原则设定目标

在明确了SMART原则的内容之后，管理者可以根据SMART原则设定目标。在设定目标的过程中，管理者可以将SMART原则作为一个标准，不断对要设定的目标进行评估，同时充分考虑所研究问题的具体情况，制订出现实可行的工作目标，明确目标执行人员具体要干什么、结果应该是怎样。最好用一些词语来描述“具体要干什么”的内容，如开发、设计、修正等。

总之，SMART原则是一种常用的、科学的设定目标的方法，可以帮助企业检查设定的目标是否合理，帮助企业发现问题并及时修正。

关键点提示

应用 SMART 原则设定目标可从以下两方面着手：

1.明确SMART原则的内容；2.根据SMART原则设定目标。

1.16 如何确定总目标的分解方法

工作场景描述

当要将企业总目标进行分解，需确定总目标的分解方法时，可查看。

解读与分析

在确定本企业的总目标和目标阶段内的重点目标后，要将其沿着组织层极分解下达到各级管理层，一直到目标管理制度所包括的最低一层建立起目标为止。管理者在确定目标分解方法时可参考以下内容。

1. 确定目标分解方法

（1）指令式分解。指令式分解指从上到下分解总目标，即先宣布企业的总目标，然后按组织向下传递，供下级管理部门在制订目标时使用。

这种分解方法虽然容易使目标构成一个完整的体系，但由于高层管理者未与下级协商，对下级执行目标的困难、意见不了解，容易造成某些目标难以落实下去；下级管理人员认为既然目标早已确定，所以在向上反馈时，会讲一些上级爱听的话。这种方法会阻碍员工参与管理和上下级之间广泛交换意见。

（2）追溯式分解。追溯式分解实际上就是先制订下级管理层的目标，多方面逐步建立起企业的总目标，是一种从下到上的总目标分解方法。

追溯式分解法的缺点是不同阶层的管理者会强调不同的工作重点。在组织机构的层次上，越处在下边的管理人员，越注重眼前的利益，随着管理层次逐级上升，未来的利益才逐渐被重视。此外在下级部门制订目标时得不到上级主管的指导和支持。因此，从底层开始制订目标，目标会受限于现状，甚至会保持现状长久不变。

（3）协商式分解。协商式分解是上下级对总体目标的分解和层次目标的落实进行充分商谈或讨论，取得一致意见。

这种分解方式容易使目标落到实处，也有利于下级工作积极性的调动和能力的发挥。使用协商式分解方法的具体操作如下。

①制订企业总目标。企业首先要选出一组设定目标的人员，由总经理领导。这组人员负责编制，并向董事会推荐设定企业各个方面的目标。

②确定下一级的目标。由每个副总经理再组成小组，分别提出各个部门的目标。总经理在取得董事会的同意后批准这些目标，然后开始设立下一级目标，也就是各主要职能部门的副总经理要负责的目标。

③最低一级的目标。最低一级管理者不设小组，也没有其他管理人员向他们报告工作。在一般情况下，制订目标的各小组成员中是不包括不承担职能的员工的。

最低一级的管理者虽然不再正式指定小组帮助他制订目标，但是他可以从下属人员中尽量取得建议和保证。

在提出和讨论上一级制订的目标时，要加强沟通，保证给予每个小组成员有充分的发言权。

在管理人员制订出目标后，上级管理人员还有个极为重要的工作，即评价下级提出的目标，并与自己负责的目标进行权衡。每个上级管理人员一方面必须审核他自己部门的目标，另一方面还要审批下级向他报告的目标。

2. 明确目标分解方法使用的注意事项

（1）目标分解应将总体目标分解为不同层次、不同部门的分目标，各个分目标的综合要体现总体目标，并保证总体目标的实现。

（2）分目标要保持与总体目标方向一致，内容上下贯通。

（3）目标分解中，要注意各分目标所需要的条件及限制因素，如人力、物力、财力等。

总之，在确定总目标后，要将总目标层层分解，设定各部门和个人的目标。管理者应使用合理的分解方法实施目标分解，注意目标分解过程中的双向沟通，这样才可以使分解后的目标切实可行。

关键点提示

确定总目标分解方法时要掌握以下内容：

1.指令式分解法；2.追溯式分解法；3.协商式分解法。

1.17　如何确定总目标的分解程序

工作场景描述

当准备进行总目标分解，需要确定具体的分解程序时，可查看。

解读与分析

在确定总目标分解方法后，管理者应按照具体的步骤开展总目标分解工作。一般来说，总目标分解的步骤包括以下几项。

1. 搜集详细的目标信息

管理人员如果想根据上一级目标设定部门目标和个人目标，就必须知道这些目标的具体情况。为此，每一个上级主管，在他的下级管理人员开始考虑他们的目标之前，应该为其提供有关目标的必要信息。

（1）提供上一级目标。一般情况下，提供给下级管理人员的目标，是上级已经建立起来的目标。一般来说，向下级管理人员提供的是企业总目标、财务总目标、会计总目标等。下级管理人员只有了解上级目标的具体情况，才可能制订出合理的部门目标及个人目标。

（2）指出目标重点。在进行目标分解时，下级对上级负责的重点目标的范围和重要性，从目标本身常常不能一眼就看出来。上级主管最好随目标附上一份目标阶段内重点目标的清单，列出需要特别注意的目标。

（3）提供基本方针。上级主管应向下级管理人员明示目标分解的基本方针，使下级管理人员能够明确设定目标的原因和范围。在此基础上，下级管理人员才能进一步制订目标。

可以说，搜集详细的目标信息这一步骤有助于使目标在纵向上保持和谐一致。

2. 加强横向协作

所有的目标必须在纵向和横向的基础上与所有其他目标和谐一致，才能保证整体目标是可行和有效的。

下级管理人员不仅需要帮助上级管理人员达到目标，还必须与组织中的其他职能部门和管理人员进行协调，他必须为其他管理人员做事，其他管理人员也必须为他做事。因此，他就有必要知道其他部门对他的要求，并明确在设定目标时，他要向其他管理人员提出什么要求。通过了解其他部门提出的特定要求，下级管理人员可以得到对自己工作有重要指导意义的信息。

3. 明确管理责任和范围

管理责任像围墙一样，把管理人员所应管理的领域限制起来。责任也可以看作一个舞台，管理人员可以在这里开展他的管理活动。责任比职责更为简单，它并不说明要达到的具体目标。明确管理范围可以减少管理混乱，避免发生冲突。

4. 进行 SWOT 分析

只有了解本部门的能力，才可能制订出合理的目标。SWOT是一种常用的能力分析法，可以帮助管理人员对本部门完成目标的能力进行分析。

（1）优势（Strengths）。优势是指本部门完成目标的有利条件。管理人员应了解这些优势的具体情况，并将其充分利用。

（2）劣势（Weaknesses）。劣势是指本部门中存在的不利于目标完成的因素。管理人员在设定目标时要认清本部门的劣势，并想办法克服。

（3）机会（Opportunities）。机会是指未来的主要有利条件。管理人员应尽一切可能利用它们，为自己服务。管理人员对这种机会认识得越多，他工作的灵活性就越大。

工作的灵活性大了，在进行目标分解中，就能做出较大的贡献，工作也会做得相对比较出色。

（4）威胁（Threats）。威胁是指对工作可能产生重大影响的因素。管理人员应尽力降低威胁，如果不能把它们减少到足够低，也应制订出对付威胁的计划。

管理人员进行SWOT分析，不断从中选出目标，待这一切都分析完后，他可能得到若干目标主题。虽然这些目标不是最高目标，但可能是最有利于企业发展的目标。其他管理人员通过类似的工作，也可为进一步的工作打下基础。

5. 确定目标

当管理人员进行完上述步骤之后，就可以确定最后的目标了。在确定目标时要注意目标的有效性，制订出的目标应符合以下标准：

（1）符合企业总目标。每一个管理人员负责的目标，必须与企业的总目标相一致，与组织中其他管理人员负责的目标相一致。任何不一致的目标，或制订目标仅仅是为了使管理人员有事可做，都与目标管理宗旨不相称。

（2）符合实际。目标应符合实际，即应该是可以达到的。那些太容易达到的目标，对管理人员以及企业来说是没有意义的。相反，目标太难，会增加企业达成的目标的难度，从长远的效果来看，可能使管理人员丧失达成目标的信心。

（3）明确具体。目标必须具体，必须可以用“必须完成什么”“必须在何时完成”等语句来说明。在一定范围内，目标应该确定具体的数量。

（4）灵活机动。为了使企业的工作重点与不断变化的企业目标保持协调一致，在从一个目标阶段进入另一个目标阶段时，管理者就应对各级目标做相应的调整。

（5）表述清楚。目标的表述应该使用下属和上级都能清楚理解的表达方法。如果下级对目标的解释是一个样，上级对目标的理解又是一个样，那么必定会损害目标管理的效果。

分解后的目标最好采用书面形式表述，因为如果只是口头说明，目标很容易被下属误解、遗忘，甚至会被下属无意或有意地更改。

总之，目标分解实际上就是下级管理人员根据上级目标和本部门的具体情况，设定本部门目标的过程。各级管理人员应按照目标分解的程序，认真做好每一步工作，这样才可以保证设定的目标具有合理性和有效性。

关键点提示

总目标分解的程序包括：

1.搜集详细的目标信息；2.加强横向协作；3.明确管理责任和范围；4.进行SWOT分析；5.确定目标。

1.18　如何遵循目标设定程序

工作场景描述

当要了解并掌握设定目标的基本程序时，可查看。

解读与分析

在设定目标时，掌握目标设定的程序是十分重要的。一般来说，管理者可按以下程序进行目标的设定。

1. 向下属明示上级目标与方针

为达成整体目标，应设定目标体系。要先由上级确定目标及方针，下属再由此决定自己的目标。此步骤的关键是目标体系的关联和上级目标的彻底下达。

2. 下属与横向关联人员充分讨论

上级订立总目标，下属再根据本身范围设定自己的目标，进而确立目标体系。下属研究目标时，应遵循上级的目标及方针，在订立自己的目标时，应与横向关联人员充分讨论。经讨论后，明确相互间的关系，为确定目标做好准备。

3. 下属设定自身的目标

经过上述阶段后，下属即可设定自身的目标。但下属自身目标的设定是有条件限制的，其目标应与上级的目标关联。这样设定目标，目标管理制度才能获得预期效果。设定目标时，如需要上级支持，也应一并事先向主管明确表示。

4. 上级与下属共同讨论所拟定目标

目标虽由目标达成者本人自主设定，上级却不能放任不管。上级应该判断各个目标是否与整体目标互为关联，如果下属设定的目标不切实际，上级就与该员工进行深入而诚恳的讨论，在互相了解的基础上加以调整，再做最后决定。

5. 整理目标体系

经过以上各步骤，应利用目标体系图再检查各个目标是否适合于整个目标体系。整理整体目标体系，不但易于明了各目标间的关系，便于让管理人员做调整，而且可以对各个目标的关系位置一目了然，提升员工个人的参与感。

6. 目标书面化

将双方决定的目标，慎重地予以书面化，填入企业制作的“目标卡”内，一式三份，主管与员工各持一份，另一份送交目标管理制度推动中心存档。日后双方的讨论、评估、奖惩，均以此卡上的书面文字为依据。

目标卡在目标管理的推动中是一个有效的工具，也是目标管理活动的媒介，各种目标管理工作都围绕目标卡展开。

总之，目标的设定是有章可循的，管理者应根据既定的程序下达目标与方针，并加强与下属的沟通，将确定了的目标书面化，完成目标设定的全过程。

关键点提示

确定设定目标的程序可从以下几方面着手：

1.向下属明示上级目标与方针；2.下属与横向关联人员充分讨论；3.下属设定自身的目标；4.上级与下属共同讨论所拟定目标；5.整理目标体系；6.目标书面化。

1.19　如何建立目标体系

工作场景描述

当要建立目标体系，健全目标管理制度时，可查看。

解读与分析

目标管理制度必须有完善的目标体系，才能加强企业各部门的关系，使企业发挥出整体力量。因此，企业组织应该将最高管理层所订的企业总目标、各部门主管的部门目标以及基层的个人目标，按照企业组织机构的层级串联起来，从而形成息息相关的目标体系。目标体系的建立包括以下内容。

1. 设定总目标

企业目标体系的核心是总目标，目标设定应以企业总目标的设定为起点，各部门、各员工为达成整体的总目标，进而分别设定自己的“部门目标”和“个人目标”。企业总目标是订立部门目标和个人目标的前提和基础。

（1）选择总目标的订立方法。

①定性分析法。这种方法主要依靠企业各部门主管、客户等提供意见，必要时可召集相关部门主管共同讨论，最后由最高管理层确定。

②定量计算法。企业的企划部或其他指定部门利用数学方法（如统计分析法、指数调和法），通过计算和预测，最后确定总目标。

（2）明确总目标订立的影响因素。

①国际、国内的政治因素。

②经济因素。

③企业现有的生产技术水平。

④市场预测。

⑤历史业绩。

2. 设定部门目标

根据企业总目标，各部门应订立具体的部门目标。订立部门目标的过程如下。

（1）主管告知部门目标，并与其下属进行讨论。

①说明本部门现状的分析结果，包括：现在的目标达成状况及展望；未能达成的状况与原因的分析以及还存在的问题点；留待下期解决的问题或课题等。

②就上级所传达的目标及中心思想，主管应对本部门人员加以说明。

（2）下属提出修正方案，并与主管讨论。

①下属在了解整体的目标之后，各自制订自己心目中的理想方案。

②召开会议，下属把自己的方案发表出来，再经大家讨论，综合出实行方案。

③在决定实行方案时，主管对下属的方案提出指导意见，并协调个人之间的不同点；对于必要的项目，可设立共同目标。

3. 设定个人目标

总目标是企业目标管理的核心。落实执行总目标却有赖于企业员工的个人目标。无论企业组织大小，其目标最后仍需通过个人目标才能付诸执行。

设定个人目标时，要事先考虑上级主管的目标，并分析本身的工作职责。当企业实行目标管理制度后，各人应根据企业总目标和本部门目标，结合自身的岗位职责和要求，确定个人目标。

总之，建立目标体系可以将企业的目标进行细化、系统化，有利于目标管理的展开。

关键点提示

建立目标体系的过程包括：

1.设定总目标；2.设定部门目标；3.设定个人目标。

1.20　如何避免目标制订中的误区

工作场景描述

当要制订目标，避免目标制订中的误区时，可查看。

解读与分析

制订科学、准确、合理的目标是企业追求的方向，但在制订目标的过程中往往会存在误区。管理者要认清这些误区，才可能及时避开。目标制定中的误区包括以下几种。

1. 不恰当的目标

目标的不恰当性可以反映在许多方面，如果一个组织不只有一个目标，而组织内的各种目标既不互相联结，也不互相支持，则非常容易使各个部门只采取对他们有利而对整个组织却不利的行动。例如，某企业给销售部门设定了在某期限内增加销量5000件的目标，但同时又没有让生产部门在近期增加设备及人手，这样生产部门就必须提高生产效率，加班加点。如果生产部门为了满足销售需要采取追求速度、忽视质量的行为，就会影响企业的整体效益。

2. 无法实现的目标

在制订目标时，不能订得太高，以致无法实现。目标必须具备挑战性，但又必须切实可行。

3. 过分强调数量或质量的目标

在制订有关数量的目标时，当然是要强调数量的，但是过分强调数量可能会造成目标执行人员过分追求速度而忽视质量的情况。反之，如果过分强调质量目标也会引起不少问题，例如企业计划在今年振兴企业的活力，开发人才，要为社会做出更大的贡献。那么到年终时如何对这一目标进行衡量呢？员工对工作的表现、员工对工作的满意程度，管理者都应制订出合理的衡量标准和方法，这些标准和方法制订起来并不容易。

4. 不合理的报酬制度

在制订组织目标过程中，应考虑到与目标相适应的合理的报酬制度。如果报酬制度不合理，就会影响执行人员的积极性，进而影响目标的实现。

总之，企业在制订目标时都希望制订出的目标是合理有效的，因此管理者也有必要了解目标制订过程中可能存在的误区，在目标制订的过程中做好预防措施。

关键点提示

目标制订过程中可能存在的误区包括以下几种：

1.不恰当的目标；2.无法实现的目标；3.对数量或质量过分强调的目标；4.不合理的报酬制度。

1.21 如何配合上司共同制订目标

工作场景描述

当要配合上司共同制订目标时，可查看。

解读与分析

下属在与上司制订目标时，应注意掌握以下几个要点。

1. 充分了解双方的期望

充分理解企业、部门目标，部门在实现企业目标中所处的位置、所起的作用，了解企业的背景、期望。

2. 分析实现目标所需的资源和条件

制订目标并不是在讨论这个目标是太高还是太低的问题，而是分析实现目标所需要的资源和条件，找到现有可用的资源和条件，明确所缺乏的资源，找到问题及自己的优势。

3. 寻求解决途径和方法

分析完成工作目标所需的资源和条件，以及现有资源的条件，找到差距，并想出办法弥补差距。

4. 寻求共同点

应当正视冲突的存在。存在冲突并非坏事，没有冲突就不能给企业带来最大效益。当然，激烈的冲突也会降低企业的工作效率，只有将冲突保持在一定程度上，才会使企业效率最大化。这就要求下属同上司进行有效的沟通、磋商，尽力使冲突过程转化为双赢的结果。

要正确认识自己在企业中所处的位置。应当注意到，企业制定政策、设定目标是出于推动企业整体的发展和对企业投资者负责的观念，下达各个部门的目标是确保这一总体目标得以实现的子目标。部门利益、个人利益都是从属于企业整体利益的。

了解并分析自己的上司是什么类型的上司，进行有针对性的沟通是十分重要的。这里将上司分为四种类型，并提供同每一类上司沟通时应采取的方法。

（1）关注结果的上司。这种类型的管理者以结果为导向，拥有某个领域的专门技能和知识，全身心地投入工作，注重把事情做好，工作非常忙。在与非常注重结果的上司进行沟通前，最好列出制订的目标所能达成的各种结果及其影响，不要准备其他的、冗长的各种文件。不要指望在约定的时间内能与上司见面，而是什么时间能找到他就进行沟通，一定要面谈，不要只呈上报告。如果想改变上司的目标，要反复强调按原目标进行的不利之处，才能促使其进行协调，修改目标。谈完后，让上司在下属的记录上签字，避免日后出现纠纷。

（2）注重管理细节的上司。这类上司非常在意企业内的工作是否能按所设定的系统程序运转，关注协调、报告、控制的程序，关心细节，有组织的才能，会依据冲突是否危及他的利益而决定对冲突是采取抵抗还是忽略的态度。

在与这类上司沟通前，需要准备详尽的文件资料，越多越好，还要另外准备备用的文件。在文件中，应详细排列出主次目标，找出完成各分目标所需要的资源，可行的计划，预计达到的效果；列举出尚需解决的问题，并分析问题对目标的影响，然后约定时间和上司见面，按事先预定好的程序进行面谈。不要指望一次就能将问题解决，上司往往需要较长时间进行思考。

（3）注重目标、战略计划的上司。这类上司总是在寻找机会，期望将企业带领到一个新的发展高度，不时冒出新点子，敢于冒风险。他的决定往往是暂时的，只看到机会，看不到问题；比较随意，喜欢有冲突，以便自己的创造力得到发挥。不喜欢由其他人想出而不是自己想出的新想法。

在与这类上司沟通前，要找出需要上司改变其所制订目标的理由，列出资源需要、可能的结果。在同这类上司面谈时，要表现出一定的崇拜感，要让上司认为最后修改的目标是出自他的想法。

（4）“整合型”的上司。这类上司对需求比较敏感，能够为下属着想，富有同情心。他乐于同员工达成妥协、共识，能够综合员工的想法，注重所做的可接受性建议，喜欢聆听组织内的各种传言，比较容易进行沟通。

在与这类上司沟通前，需要准备能够说服他的各种资料和论据，更要注意在和他进行正式沟通之前，要同他建立比较好的个人关系，然后再提出你所关心的问题。

下属除了有针对性地同上司进行交流以外，还要与上司讨论如何阐明完成所定工作目标的问题。在讨论中，要注意把握分寸，不要给上司留下你能力不高、经验不足的印象。在面见上司之前，一定要充分准备，列举的问题要准确，结果预计要合理。

5. 以肯定的态度去讨论目标

下属要以肯定的态度将上司交代的任务作为自己部门的目标，将这个目标进行细分，成为可以执行、易于预测和控制的目标，详细列出目标的人力、物资、资金等资源，提出尽可能多的行动方案，并估计出每一方案所需的人力、物力资源，判断资源是否可以满足方案的实行，估算出各个方案的可行性及对整个企业的贡献有多大。尽可能多地找出限制各个方案实行的因素，分析各限制因素对目标实现的影响程度，酝酿相关的解决办法，以便同上司进行讨论。

6. 寻求自身的改进之道

要从自身的角度找问题并进行分析，找到哪些是由于自己的管理方法不当而导致的问题，哪些是可以找到解决答案的问题，哪些是需要同其他相关部门进行沟通、协力解决的问题。

总之，同上司一起制订目标是需要技巧的，下属应了解不同类型上司的特点和沟通方法，这样才可以制订出双方都认可的目标。

关键点提示

与上司共同制订目标时，可从以下几个方面着手：

1.充分了解双方的期望；2.分析实现目标所需的资源和条件；3.寻求解决的途径和方法；4.寻求共同点；5.以肯定的态度去讨论目标；6.寻求自身的改进之道。

1.22　如何协助下属制订目标

工作场景描述

当需要协助下属制订目标时，可查看。

解读与分析

成功的上级在协助下属制订目标时会按以下步骤进行。

1. 告诉下属企业目标

目标应由上级率先提示。首先从总经理，再到各部门经理；经过部门间相互调整之后，再下降到组长及个人。上级要明示目标，由此下属可以明白上级目标的方向，了解其重点，有助于其本身目标的设定，从而使目标体系明朗化，也使员工的个人目标直接与企业的整体目标关联起来。

2. 协助下属设定目标

对下属先明示自己的目标，务必完全且得体，而且数量不可太多。然后与下属举行有关目标的共同讨论会，决定本部门目标。在举行共同讨论会时，上级要提高下属的参与感，不要让下属有被迫同意的感觉，还要让他们明白自己的任务范围。目标具体化后，仍要与再上一级的主管共同讨论后才能定案。

3. 合理调整工作分派方式

应通过下列方法合理地调整工作分派方式，来协助下属订立目标。

（1）适当的职务分配。要做好目标管理，首先要重新检讨每个职务的分配情形，必要时加以调整，并尽可能做到分配合理化及简单化。分配量方面，工作方式一经简单化后，上级应研究每个人职务分配是否能再充实，以提高下属的工作满足感。

（2）适当的工作设计。纵向划分的方式，把工作范围往上加一层；若下属工作能力强，可纵向分配更多层次的工作，令其依计划、实施、检讨的管理循环模式，达成任务。

（3）适当的目标设定。为提高下属的工作意愿，除应了解上级主管所制订的目标外，更应先将本部门的目标向下属坦诚说明。然后将下属目标提出来研究，获得下属的承诺，确定适当的目标项目。

4. 下属先提出自己的方案目标

在目标管理体制下，下属一定要先行检讨，并提出自己的方案目标，而不是照抄主管的目标。具体过程如下。

（1）整理出自己职责范围内的全部工作。

（2）描绘出自己心目中理想的工作方法。

（3）思考部门内理想的工作状态是什么状态，明确应该履行哪些任务。

（4）确定问题的核心并将其列为“目标项目”。

（5）决定目标的达成基准。

（6）思考达成目标的方法。

（7）确定欲达成目标的必要条件。

（8）整理出目标以外的例行管理项目。

（9）对前述工作进行总检讨。

5. 检视下属所提出的方案目标

要检视下属所提出来的方案目标，审核其制订是否妥当。如果不妥当，就需要和下属研究并调整，在其了解、同意之后，再予以修正决定。上级对下属的方案目标检视的重点应包括以下几项。

（1）与上级目标的关联性。

（2）下属之间的横向目标关联性。

（3）各目标是否均衡。

（4）条件的稳妥性。

（5）目标的数量化、具体化。

6. 借沟通来修正下属的方案目标

执行沟通工作，告知部门目标、主管目标后，要求下属思考本身目标的订立情况。在下属提出方案目标后，若发觉目标不妥，应及时协调、讨论、修正；在协调过程中，千万不可使用“权威方式”，任意指派。

在修正下属提出的方案目标时，采用的讨论方式可分为下列三点。

（1）听取下属的说明。透过恰当的人际关系，坦诚地促使下属产生干劲，必须采取协助的立场，并避免给下属压迫感。

（2）修正方案目标的方法。修正下属的方案目标，其重点如下。

①调整上下阶层；

②调整横向阶层；

③调整直线与辅助部门。

（3）讨论后的修正。在接受下属的说明以了解情况时，若有疑问或不明白处，应该立即提出。假如下属的目标与上级的目标有差距时，必须彻底加以检讨，了解具体原因之后予以修正。上级一定要尊重下属的自主权，避免使下属丧失达成目标的意愿。

总之，协助下属制订目标时既要明示上级的目标，使下属了解具体的目标范围，又要注意加强与下属的沟通，让下属充分发挥自主性，最后再进行讨论和修正，这样才能达到最佳效果。

关键点提示

协助下属制订目标，要做好以下工作：

1.告诉下属企业目标；2.协助下属设定目标；3.合理调整工作分派方式；4.下属先提出自己的方案目标；5.检视下属所提出的方案目标；6.借沟通来修正下属的方案目标。

1.23 如何展开目标

工作场景描述

当要将分解后的各级目标层层落实时，可查看。

解读与分析

展开目标是目标从上到下层层分解、落实的过程。其要求是：按整分合原则建立目标体系，按激励原则落实目标责任。企业管理者在展开目标时要做好以下工作。

1. 训练各级管理人员

（1）编写目标。编写目标的人必须首先了解目标所属的目标管理系统，违背这个前提，制订出来的目标是不协调的、孤立的，不能作为部门目标或企业目标的一部分。这个阶段的工作包括阅读指定材料、进行小组讨论。

（2）让各级管理人员知道现在本组织已经在采用目标管理，其中包括时间进度表，采用的理由，以及每个人要起的作用，这些都应以定期进度报告形式发表出来。还应鼓励上级管理人员经常对下级管理人员作简要的情况介绍，以便下一步工作的开展。

2. 对策展开

对策展开，就是制订实现目标的具体对策。只有将对策展开，使各层次的目标都有可实现的对策措施，并在实施中落实这些措施，才能保证目标的实现。对策展开的过程中，必须遵循以下要求。

（1）突出针对性。要在分析现状和目标的差距，找出产生差距的主要问题及其主要原因的基础上制订对策，使对策紧扣主题，有针对性地缩短现状与目标的差距。

（2）明确具体。只有制订明确具体的对策才有利于目标的实施和控制，否则这些对策就没有意义。应根据对策展开的方法和要求，在对策展开的基础上，编制对策展开表，使问题、对策清晰化，并明确实施方法、实施时间和实施责任者。

3. 授权

要想使各级管理人员成功地达成目标，就必须充分信任他们，并向他们授权，以激发他们的责任心。达到这个目的的关键，是让他们真正了解为什么要实行目标管理。必须使各级管理人员明白目标管理对企业、对他们个人有什么好处。

（1）明确授权的作用。

①实行授权，可以使下级管理人员自觉承担起自己的目标任务，并自行判断处理问题，自我教育及自我提高。通过授权，上级管理人员可以吸取经验教训，增长才干，发挥能力，不断提高管理水平。

②由于科学技术的进步，生产程序日益复杂，管理任务变得更加繁重。如果上级管理人员必须处理或决定企业中一切大小事宜，就会造成上级管理人员负担过重，精力分散，从而使工作迟缓拖延，甚至会造成决策失误，影响企业的生产经营成果。因此，推行有效的目标管理，就必须实行授权。

③权限下放以后，上级应给予下级充分的信任，采取“支持、商议、指导、帮助”的办法，促使下级自主行使权限，积极自我管理，从而自觉达成各自的分目标。

（2）了解授权的原则。

①上级进行目标授权时，应该根据目标执行者的目标责任性质与范围来确定其权限的使用范围与程度。对于能够使执行目标的下级自主管理完成目标成果所需要的相应权限，上级都应予以授权。

②实行授权时，应根据已经明确的目标进行授权。如果所设定的目标不明确，职责不清楚，那么就难以确定为实现其目标所需的相应权限。因此，制订明确的目标，根据目标责任实行授权，是授权的前提。

③上级授权者并不能由于实行了授权，就完全解除其应负担的责任，还应该对被授权者的目标实施情况及行使的职务权限是否妥当担负监督的责任。

（3）确定授权的方式。

①单项授权。即只授予决策或处理某一问题的权利，问题解决后，即收回权利。

②条件授权。即只在某一特定的环境条件下，授予下级某种权利，环境条件改变了，权限也应随之改变。

③定时授权。即授予下级的某种权利有一定的时间期限，到期应该收回权利。

4. 目标协商

目标协商是上下级之间围绕目标的展开与落实所进行的商谈与讨论。

（1）目标协商有如下作用。

①有利于正确地确定目标。大家参与确定目标和分解目标，这是目标管理全员参与的体现，通过上下级之间的充分协商与研讨，可以正确、适当地制订总目标及各级目标，有利于目标的实现。

②有利于下级正确理解目标。

③有利于建立目标体系。

（2）明确目标协商的过程。

①通过调查研究掌握下级的相关情况，包括其能力、素质及其工作条件，看所设定的目标与下级的这些情况是否相称。

②协商重点问题，都要做到心中有数，使协商时能紧紧抓住重点。

③确定合适的协商方式。

④明确协商的目标。在协商中，上级对下级提出的困难和意见，要认真听取。确定需要上级解决的问题，上级要及时给予解决；正确的意见，上级要采纳；对于下级不正确和不合理的要求，要加以说服、引导。这样，协商才能取得双方都满意。

5. 明确目标责任

明确目标责任，是在目标分解、协商的基础上，对部门和个人的工作目标进行责任说明、确定。明确目标责任必须做到以下几点。

（1）要与各种责任制度相结合。

（2）每个层次应在明确目标的基础上，进一步明确个人的目标责任。

（3）要明确目标责任的内容、质量、数量、时间，使责任具体化、指标化，以便企业执行和考核。

（4）根据各层次（部门）和个人所承担的目标责任，授予适当的权利，并分配实现目标所必需的各种资源。

总之，在确定目标、分解目标之后，要将目标层层展开，制订一系列有效措施，把目标落实下去。因为再好的目标，如果不能有效地落实，也只是一纸空文。

关键点提示

目标展开包括以下内容：

1.训练各级管理人员；2.对策展开；3.授权；4.目标协商；5.明确目标责任。

1.24　如何分析修正目标的原因

工作场景描述

当发现目标实施受到阻碍，需要分析原因时，可查看。

解读与分析

当企业的目标不能达成时，企业应该分析目标实施受阻的原因，以便对目标进行修正。企业进行目标修正一般是在以下情况下进行的。

1. 外界情势变化

由于外界情势产生变化而修正目标，一般可分为以下两种。

（1）一种情形是外界情势改变使目标本身完全失去意义时。

（2）另一种情形是外部环境产生变化，例如当设定降低成本的目标后，突遇金融风暴，物价普遍上涨，企业就需修正原来的目标，甚至根本变更目标。

在修正目标时，如发现会影响企业其他目标或企业利益，则需深入做综合性的检讨，才能决定修正目标的程度。

2. 企业内部因素变化

企业目标如无特殊情况，不宜随意修正，个人的目标亦不宜修正。但是，当出现以下情况时则需修正目标。

（1）资金或利润方面有显著的好转或恶化。

（2）经营方面的变化使目标达成体系要做重新检讨。

（3）受外界因素影响无法达成目标时，会牵连到其他相关目标的修正。

营运资金或利润发生显著变化时，有关的目标需修正。资金情况恶化时，可牺牲其他目标，借以修正本项目标。资金情况转趋乐观时，企业应更积极地加强原来的目标。

在设定目标之初，企业宜多加考虑变化因素，预测其变化的可能；或根据事前预测的变化，修正企业目标体系。

3. 遭遇突发事件，目标达成受到阻碍

各种突发事件也足以使目标的达成受到影响。一般企业内部所遭受的意外事故包括水灾、火灾、爆炸等，企业外界的突发事件有金融风暴、通货膨胀或紧缩，企业股票的涨跌。企业若想早些获知各种情况的变化，需要具备能适应各种变化的体制。

4. 产生更好的构想

当企业产生比最初的构想更具发展性的构想时，要改变目标。

5. 改变达成程度

最初的构想需要经过复杂的程序才能达成，现在却出现更简单的方法，或者即使按照原来的程序也不能达成时，应改变目标。

6. 成员发生变动

因员工调职、辞职等使企业成员有所变动时，也要对目标重新做一番检讨。

总之，企业在进行目标设定和推进时会遇到许多变动因素，如外界形势变化，企业内部环境变化等。当出现这些情况时，企业应及时对目标进行修正，以保证目标的准确性。

企业的目标之间相互依存，形成一个目标体系。某一部门改变其目标，势必影响其他部门的目标；一个人目标的变更，会使很多人的目标发生改变。修正目标容易使企业的目标体系遭受破坏，企业在做相关决策时要格外慎重。

关键点提示

企业修正目标的原因包括以下几种：

1.外界情势变化；2.企业内部因素变化；3.遭遇突发事件，目标达成受到阻碍；4.产生更好的构想；5.改变达成程度；6.成员发生变动。

1.25 如何确定目标修正的步骤

工作场景描述

当准备进行目标修正，要确定目标修正的步骤时，可查看。

解读与分析

企业可按以下程序确定修正目标的步骤。

1. 确定目标修正的条件

企业如果要变更原目标，应事先确定目标修正的条件，即符合何种条件时应修正目标。目标修正条件应事先确定，以应万变。目标修正的条件包括以下两种。

（1）由于情势变化，目标已失去效用或会导致亏损。

（2）发现定量目标超过容许的误差时。

2. 确定目标变更程序

（1）因生产计划、业务范围或其他因素有所变更，致使原定目标难以达成或需提高时，企业应及时填写目标修正卡，以修正原定目标的内容或数值。

（2）在变更程序预先订好基准的情况下，拟好修正的目标，并检查变更理由，呈报直属主管，送上级批复。经有关部门签注意见后，提请最高管理层核准。

其他有关部门应依该部门的修正目标，检讨部门本身的目标是否需要连带变更。

（3）当修正目标不致影响其他部门时，由该部门经理自行决定是否修正，并呈报上级同意。

修正目标足以影响整个企业，企业应慎重考虑，以会议方式进行协商。企业应确定目标修正的基准和目标变更程序，按既定步骤认真进行目标修正。

关键点提示

修正目标的步骤包括：

1.确定目标修正的条件；2.确定目标变更程序。

第2章

项目团队管理常见问题

一个好的项目目标最终能否实现，依赖于项目团队是否高效。项目团队是保证项目实施的关键。好的项目团队可以加快项目目标实现的进程，可以保证项目目标的顺利实现，还可以节约项目目标的达成成本。反之，不合格的项目团队不仅会使项目目标在执行过程中出现很多问题，还有可能使项目目标中途夭折，功亏一篑。可见，对项目团队进行有效的管理是十分必要的。

2.1　如何确定管理宽度

工作场景描述

当想确定管理宽度时，可查看。

解读与分析

管理宽度又称管理幅度，指一名项目的管理者监督、管理其下属的权限和职责的范围。当超过管理宽度时，管理的效率就会下降。

组织的管理层次是一个组织结构按上下级划分的级别的层次。管理宽度直接影响组织层次和分工的确立，进而影响整个项目的组织结构。确定管理宽度对划分组织管理层次和建立组织结构有很重要的意义。

通常，确定管理宽度要从以下几个方面考虑。

1. 考虑主管人员与其下属的素质和能力

受过良好训练的下属需要的监督比较少，不必事事都向上级请示汇报，这样就可以增大管理宽度。同样道理，素质和能力均较强的主管人员能够在不降低工作效率的前提下，管理较多的人员而不会感到过分紧张。这同样也可以增大管理宽度。

2. 考虑主管人员面对问题的种类

如果主管人员经常面临比较复杂、困难的问题或涉及方向性、战略性的问题，那么直接管理的人数就不宜过多。反之，若主管人员面临的是大量的日常事务、规定的程序和解决方案，则管理的人数可以多一些。

3. 考虑工作任务的协调程度

如果工作任务相似及工作中需协调的频次较少，则管理宽度可适当加大，组织层次也会相应减少。反之，如果工作任务的协调程度较差，工作需要较多的人参与进来时，则管理宽度要小，组织层次也会相应增加。较大的管理宽度意味着较少的管理层次，较小的管理宽度意味着较多的管理层次。

4. 考虑授权的程度

适当和充分地授权可以减少主管人员与下属之间接触的次数和密度，节省主管人员的时间和精力，锻炼下属的工作能力和提高其工作积极性。所以在这种情况下，管理的人数可适当增加。不授权、授权不足、授权不当或授权不明确，都需主管人员进行大量的指导和监督，效率较低，因而管理宽度也不会大。

5. 考虑计划的完善程度

事前有良好的计划，使工作人员都能明确各自的目标和任务，可以减少主管人员指导及纠正偏差的时间，主管人员管理的人数就可以多一些，管理宽度可适当加大，组织层次也会相应减少，反之则不然。

6. 考虑组织沟通渠道的状况

组织沟通渠道畅通，信息传递迅速、准确，所运用的控制技术比较有效，对下属的考核制度比较健全，主管人员管理宽度可适当加大。

此外，工作对象的复杂性以及组织的稳定程度等因素也会影响管理宽度。

管理宽度直接影响着组织层次的划分，进而影响整个项目的组织结构，因此，客观上要对每一个组织的管理宽度进行确认。

关键点提示

确定管理宽度时要考虑以下几个方面：

1.考虑主管人员与其下属的素质和能力；2.考虑主管人员面对问题的种类；3.考虑工作任务的协调程度；4.考虑授权的程度；5.考虑计划的完善程度；6.考虑组织沟通渠道的状况。

2.2　如何划分管理层次

工作场景描述

当想正确、合理地划分组织管理层次时，可查看。

解读与分析

划分管理层次是具体项目能否顺利开展、职权命令能否贯彻执行的关键。因此，合理划分管理层次很重要。

在一个组织中，管理层次的多少应根据组织规模的大小、活动的特点以及管理宽度而定。一般来说，企业划分组织管理层次需要考虑以下三个层面。

1. 从组织整体利益出发划分战略规划层

从组织整体利益出发划分第一管理层次，即战略规划层，也称为组织上层。它对整个组织实行统一指挥和综合管理，负责制订组织目标以及实现目标的一些方案。这一层也就是通常所说的高级管理层。它是企业在建立一个组织结构时首先要考虑的，高级管理层的设立必须从组织的整体利益考虑，符合整个企业的发展方向和目标。

2. 划分实施分目标的战术计划层

高级管理层确定后，企业就要考虑划分中间管理层次，即战术计划层。中间管理层主要是负责分目标的制订、拟订和选择计划的实施方案、步骤及程序；按部门分配资源，协调下级的活动以及评价组织活动的成果；制订纠正偏离目标的措施。这一层有承上启下的作用，既对上级管理层汇报工作，又对下一级管理层进行协调和管理。

3. 划分实施具体任务目标的运行管理层

这一层是项目得以顺利开展的基本保障，即平常所说的基层，也叫运行管理层。基层的主要任务，是按照规定的计划和程序落实各种任务目标的完成情况，协调、监督、指导基层员工的各项工作，完成各项计划和任务，同时向上级管理层汇报工作、反映情况。

任何组织无论怎么划分其组织管理层次，各层次间的关系都是确定的，即管理层自上而下逐级实行指挥与监督的权利。较低层次的主管人员处理问题的权限由较高一级的主管人员规定。他必须对上级的决策做出反应，并且向上一级汇报情况。只有正确划分组织管理层次，才能保证项目成员各司其职，责权利统一，从而避免机构臃肿，人浮于事。

关键点提示

划分组织管理层次的三个层面：

1.从组织整体利益出发划分战略规划层；2.划分实施分目标的战术计划层；3.划分实施具体任务目标的运行管理层。

2.3 如何进行工作划分

工作场景描述

当想合理进行工作划分时，可查看。

解读与分析

划分工作要遵循目标一致原则和讲究效益原则。组织工作作为一个过程，包含工作划分、工作分类和形成组织结构三个步骤。

实现既定的目标，是组织的总任务。这个总任务是任何组织中任何一个孤立的个人难以完成或根本无法完成的。因此，作为管理者，必须把这个总任务或总目标进行分解，划分成许多子任务、子目标，在此框架下再确定完成每个子任务、子目标的具体任务，使组织中每个成员都承担其中的一部分。这样，经过组织成员的共同努力，最终完成总任务或总目标。把完成组织目标的总任务分解成具体任务的过程，就是工作划分。

进行总任务或总目标分解，并在此基础上进行工作划分应注意以下四个方面。

1. 遵循目标一致原则

管理者进行工作划分时，需要把为完成目标所必需的工作任务列出来。在列举这些工作任务时，必须遵循工作与目标一致的原则。也就是说，所列举的工作任务要与目标有关，是完成目标所必需的工作任务。凡是与目标无关的工作任务，坚决不予确认；而那些与目标关系不太大、可有可无的工作任务，也应尽量减少。对于目标一致原则，一些从事组织工作的管理人员可能领会得并不很深，导致组织越来越庞大，人员越来越多，造成机构臃肿，人浮于事，效率低下。究其原因，主要就是没有遵循目标一致原则。

2. 遵循效率原则

管理者在对工作任务进行划分时，必须遵循效率原则。一个组织在进行工作划分时，如果能使其成员以最小的成本费用去实现目标，就是有效率的。讲求效率是管理的核心。如果效率很低，往往一个人可以完成的任务却需要几个人去完成。因此，效率也是划分工作时要考虑的因素。需要较高的工作技巧和工作方法时，工作划分的程度就越高。

3. 考虑工作的重复性

在对工作任务进行划分时，要考虑工作的重复性。工作的重复性越大时，工作划分的程度就越高，这是分工的基础。对于那些具有重复性的工作，一般要安排专人去完成。这种分工有利于形成专业化，提高工作技巧、方法，也能提高工作效率。

4. 考虑工作技巧和工作方法

在需要较高的工作技巧和工作方法时，工作划分的程度就越高。对于需要较高技巧完成的工作，通过工作划分由专人负责，利于其进行专心钻研，以改进技术，提高工作效率。

由于组织任务不同，人员的素质不同，所拥有的资源不同，工作划分不可能有一个统一的标准，但一般要考虑到以上几个方面。

关键点提示

工作划分要考虑以下几个方面：

1.遵循目标一致原则；2.遵循效率原则；3.考虑工作的重复性；4.考虑工作技巧和工作方法。

2.4 如何把项目进行工作归类

工作场景描述

当需要把项目进行工作归类时，可查看。

解读与分析

在把总任务或总目标分解成若干子任务、子目标，最后确定为许多具体工作任务后，接下来就是要把各个有关或类似的工作进行归类，即在组织中建立部门。部门化的结果就是分清各层次人员的职责和对工作任务进行分组。管理层次最高级以下的各级都要进行部门化，每低一级就要进行进一步的部门划分。在实际工作中，不同项目应根据其自身特点综合考虑工作划分的方法，创造出一套适合于项目自身的管理体系。

下面介绍三种最基本的工作归类方法，即职能部门化、产品部门化和地区部门化。这种工作归类的思想是进行组织结构设计的基本依据。

1. 职能部门化归类法

职能部门化归类法，就是以组织的职能为基础把工作性质相近的工作进行归类，从而形成一个类别。它是一种企事业单位广泛采用的部门化方法。比如医院的工作进行归类后就是：门诊、手术、住院、药房、财务等。

（1）优点。按职能组建部门的优点是可以充分发挥分工的优势；有利于对工作人员的培训，提高他们的工作技能；同时还有利于上级对下属进行管理。

（2）缺点。由于每个人都按照专业兴趣或特长分配到某一相同部门工作，他们往往易于强调本部门的利益，而忽视组织的总体目标和全局利益。同时在多变的环境中，这种结构适应性较差，缺乏的应变能力。

2. 产品部门化或项目部门化归类法

将同类工作形成部门，从而明确管理权限和明确职责，这就是组织的工作归类。这种归类法是以生产的产品或不同的项目为标志进行工作归类。这种方法通常在规模较大、产品项目比较集中的企业中采用。具体地说，这种方法就是把某一产品系列的有关活动归并到同一部门，然后在这个部门内按职能再进一步组建具体部门。

（1）优点。各个产品（项目）部门的管理人员可以集中精力按照市场需求，随时改进产品质量，因此应变能力（适应能力）较强。同时每个部门独立核算、自负盈亏，有利于调动人员的积极性。

（2）缺点。每个产品（或项目）分部是相对独立的单位，类似于大组织中的小组织，不可避免地会出现机构重叠问题。同时，由于每个产品（项目）分部具有相当大的权力，又会给总部的管理带来控制工作上的困难。

3. 地区部门化归类法

这是以工作所在的区域范围来划分部门的方法。这种方法多用于一些办公地点比较分散的企业。特点是把同一地区或区域内发生的各种业务归并入同一部门，然后在这一部门按照职能活动进一步建立职能部门。

（1）优点。由于每一区域内有其特殊的环境条件，区域分部负责人更善于扬长避短，获得区域经营最佳效益。同时每个区域又是一个自负盈亏的组织，这有利于减轻总部的工作负担。另外，区域分部负责人独立承办区域内的业务，从而有利于把他们培养成全能型的管理者。

（2）缺点。由于每个分部是相对独立的单位，加上时空的限制，往往给总部管理带来麻烦。此外，为了加强管理，总部还需要安排相应的管理人员并支付一定的管理费用。

除了上述三种基本的归类方法以外，许多企业在实际工作中还根据自身的特点创造了一些其他的方法。每一种方法都有其优缺点，在进行组织设计时要充分考虑，这样才能扬长避短。

关键点提示

三种工作归类方法优缺点比较如下：

1.职能部门化归类法：可以发挥分工优势，但适应性较差，缺乏应变能力；

2.产品部门化或项目部门化归类法：具有应变能力，但容易产生机构重叠；

3.地区部门化归类法：有利于发挥分部负责人的工作积极性，但不便于总部管理。

2.5 如何划分工作部门

工作场景描述

当想使工作部门划分得更合理时，可查看。

解读与分析

如果某个组织机构的划分能够反映为达到组织目标所必要的任务和工作以及有助于组织完成所确定的各项任务，适合于发挥职务担任者的能力，那么它就是一个有效率的机构。要提高工作效率，必须对整个项目组织的工作进行分析，并明确归类，从而形成部门。部门划分的目的在于确定组织中各项任务的分配与责任的归属，以求分工合理、职责分明，从而有效实现项目组织的目标。

划分部门有许多方法，按不同的方法划分形成的部门就会不同，究竟按哪种方法划分部门，最终取决于企业的特点和具体条件，但是划分部门应遵循分工原理。建立一个有效率的组织机构，划分高效率的部门，通常要遵循以下原则。

1. 力求维持最少部门

组织机构是由管理层次、部门结合而成的。组织机构要力求精简，部门必须力求最少，但这是以有效实现组织目标为前提的。建立组织机构切忌按照完全相同的方式划分业务工作，切忌建立起一种平衡的、以连续性和对等性为特征的刻板机构。

2. 部门设置应具有弹性

划分部门应随业务的需要而增加。在一定时期划分的部门，不是一成不变的，应随着工作的需要增加或撤销。比如出现紧急工作任务而来不及建立新的部门时，可以设立临时部门来解决临时出现的问题。

3. 确保目标的实现

划分部门必须以工作归类为依据。必要的职能、组织均要具备，以确保目标的实现。当某一职能与两个以上部门有联系时，要明确规定各个部门的权利和责任。以免发生因职责不明确导致两个部门互相推诿的事情发生。

4. 职务安排应达到平衡

各部门的职务安排应该合理平衡，避免忙闲不均或者工作量分摊不均。平衡职务安排既不会引起部门之间的矛盾，又可以提高工作效率。

5. 检查职务部门与业务部门分设

考核和检查业务部门的人员，不应该从属于受其检查评价的部门，这可以避免因人情因素而影响工作评价客观公正的问题，同时还可以提高业务水平，避免业务上出现问题。

总之，正确划分部门可以解决因管理宽度的限制而约束项目组织规模扩大的问题，同时把目标安排到各个部门中去，有利于目标的实现。

关键点提示

划分高效率的工作部门的原则有以下几点：

1.力求维持最少部门；2.部门设置应具有弹性；3.确保目标的实现；4.职务安排应达到平衡；5.检查职务部门与业务部门分设。

2.6 如何建立项目办公室

工作场景描述

当想建立项目办公室时，可查看。

解读与分析

项目办公室是项目各个职能的集合体，它为项目经理履行其职责进行服务，相当于一个“中央仓库”，可与各部门签订包出合同。项目办公室通过建立统一的方法和规范的制度，使项目经理从日常工作及重要职能中解脱出来。

项目办公室是项目经理、高层管理者以及从事项目工作的职能部门经理的支援小组。项目办公室不是用来取代高层管理者和项目经理的决策部门，其职能是准备信息和报告，为高层管理者的决策提供依据。项目办公室的规划取决于组织的意愿。它可以简单到只有几个人，主要负责执行计划、汇报工作、质量保证、收集工作情况，其职能就像服务于几个项目的交流中心。项目办公室按组织的业务需求来安排工作，并力求适应业务的发展。

从开始建立项目办公室到使其具备成熟的管理能力，通常需要经过如下几个阶段。

1. 确定项目办公室提供的服务内容

项目办公室的启动是为了在组织中减少项目职能管理的成本，同时改进呈报给高层管理者的信息的质量，为高层管理者的决策提供辅助报告。因此，它的服务内容必须得到高层管理层和项目经理的认可。

2. 确定对项目办公室人员的职责和技能要求

项目办公室向高层管理者及时报告项目执行过程中出现的问题，并将汇总后的各方的意见提供给管理者，因此所指派人员的职责与工作技能水平很重要，这决定了他们所能提供的服务水平的高低。

3. 建立项目办公室并宣布其开始运作

项目办公室成立之初，应制订一个能支持总经理和项目经理工作的计划，并通过宣传已经取得的成功来扩大项目办公室的影响。项目办公室的客户主要包括企业总经理、项目经理或主管、项目团队成员、职能部门的经理、其他利益相关者等。

4. 与项目管理层保持密切联系

在工作中，项目办公室必须与总经理和项目经理保持密切联系，以便了解并满足他们的需求。这有助于项目经理从日常事务中解脱出来。

5. 为客户提供最佳的服务

项目办公室的建立必须有高层管理者的支持，但是其运行的成功与否取决于客户。如果客户对其服务不满意，那么来自高层管理者的支持就会削弱，项目办公室也就无法生存下去。

项目办公室的建立为项目经理提供了很多方便，因此企业要很好利用项目办公室的职能，提高工作效率。

关键点提示

建立成熟的项目办公室要经历如下几个阶段：

1.确定项目办公室提供的服务内容；2.确定对项目办公室人员的职责和工作技能要求；3.建立项目办公室并宣布其开始运作；4.与项目管理层保持密切联系；5.为客户提供最佳的服务。

2.7 如何选择项目组织

工作场景描述

当想选择项目组织时，可查看。

解读与分析

选择什么样的组织，要根据项目本身的规模大小、活动特点和环境因素综合考虑。一般有以下三种项目组织可供选择。

1. 职能式组织：规模较小，偏重技术的项目采用

因某种特定职能的需要，将不同专业的力量（如工程师、会计师、设计师等）集中在一起而形成的组织，就是职能式组织。

职能式组织是根据项目管理中工作任务的相似性来设立管理部门的。在职能式组织结构中，每一部门都有不同的责任和义务。比如，在一家制造企业，意味着工程、制造、设计、市场等各部门是分开的，每个部门都是按照既定的职能行事。职能式组织机构既有优点，也有缺点。

（1）优点。

①有较强的智力和技术支持。采用职能式组织机构的企业在实施项目时，一般都需从不同的职能部门选出一些成员成立项目小组，这种机构的每一职能部门都聚集着该领域的专业人才，这为项目课题的攻关提供了强有力的智力和技术支持。

②人员使用比较灵活。项目组所需要的某一方面的专业或技术人才可以从相应的职能部门选择，当一个职能部门同时为若干个项目组服务时，这种灵活的人员调配方式更显其优越性。

③实现了专业化分工。各个部门是按职能、专业进行划分的，有利于各部门的专业人才进行技术创新和改进工作方法。

（2）缺点。

①协调难度较大。项目组的成员是从不同的职能部门中选派的，往往难以协调。

②容易影响项目目标的实现。项目组的成员尚属于原来的部门，未必能与项目组织的目标保持高度一致，这样就必然影响项目目标的实现。

③职责难以明确。项目组成员的双重身份决定着没有人愿意主动承担责任和风险，且成员具有一定的流动性，更使责任难以明确。

（3）适用原则。掌握了职能式组织机构的特点后，就可以根据项目的需要，选择

是否建立职能式组织机构。当想建立一个规模较小、技术含量比较高、人员使用比较灵活，且实现专业化分工的组织时，职能式组织机构是首选。

2. 项目式组织机构：项目较多，规模较大时采用

在大型企业中，按项目对企业活动进行分组的形式日益显示出其重要性。这种组织机构形式最突出的特点就是“集中决策、分散经营”，即总公司控制着整个企业的重大决策和战略目标，分公司或事业部独立经营，这是在组织领导方式上从“集权制”迈向“分权制”的一种改变。

项目式组织机构拥有自己的技术人员和行政管理机构，依靠阶段性的项目进度报告同总公司保持简单的联系，成为独立自主的单位。项目式组织机构与职能式组织机构最明显的差异就在于，前者有自己独立、完整的组织及项目成员，项目经理对项目成员有完全控制权；而后者的组织机构趋于松散，项目经理往往难以控制。这种项目式的组织机构常见于一些规模大、项目多的企业。

（1）优点。

①结构比较严谨。项目式组织拥有自己的项目经理、稳定的项目团队、职责分明的职能部门。

②责权明确。项目式组织机构中的项目组织管理层次分明、责权明确，便于组织管理的运行。

③便于统一指挥。每一项目组织都是一个独立核算的分部，便于管理者统一协调、指挥，发扬团队精神，以实现项目组织的目标。

（2）缺点。

①容易造成资源重复配置。每一个相对独立的项目组织都设有自己的职能部门，会导致结构重复。

②技术创新能力低。由于每一项目组织都是一个相对独立的分组织，即使某一项目组织急需某一方面的人才和专家，而另一组织的人才和专家出现空闲时，也难以协调。因此这种组织机构创新能力可能要比同等条件下的职能式组织机构的创新能力低。

（3）适用原则。当企业想建立“集中决策、分散经营”的组织，且项目较多、规模较大时，适合选择项目式组织。

3. 矩阵型组织：技术复杂、规模很大的项目采用

矩阵型组织，就是在同一组织机构中把按职能划分部门和按项目划分部门相结合而产生的一种组织形式，这种组织形式既最大限度地发挥了两种组织形式的优势，又在一定程度上避免了两者的缺陷。矩阵型组织也有自身的优势和劣势。

（1）优势。

①明确了项目的核心所在。项目经理一人专门承担项目管理的责任，负责在预算成本的范围内，按照合同工期和规范的要求实施项目。

②降低了纯项目组织对人员的重复需要。由于项目组织覆盖了整个职能部门，所以项目能够从各部门临时调动所需的人员和专家，当实施多个项目时，职能部门的专家可为所有的项目提供服务。

③成员有强烈的依附感。团队成员们不会对项目结束后他们的去向问题担忧。即使他们对项目有强烈的依附感，也会感觉到与职能部门“大本营”的亲近关系。

④对客户需求的反应速度具有灵活性。对母体组织内部的需要，矩阵型组织会做出灵活而迅捷的反应。

⑤平衡了资源的分配。在同时实施多个项目的情况下，矩阵型组织较好地平衡了资源在企业内部的分配，并能保证各个项目在时间、成本、绩效等目标上达到最优。

⑥适应性强。纯项目型组织和职能型组织是组织类型图谱的两个极端，矩阵型组织填补了两者中间的大段空白。它能够适合多种多样的项目，并根据母体组织的需求、能力和愿望进行取舍。

（2）劣势。

①责权不明确。在矩阵型组织中，权利的平衡是相当微妙的。当项目取得成功时，往往会出现组织成员争名夺利的现象。当项目受挫时，组织成员又纷纷推卸责任。

②矩阵型组织具有在多个项目之间平衡资源配置的优势，但这个优势也伴随着劣势。第一，监控这一系列项目是一项令人头疼的工作。第二，为满足不同的进度要求，资源需要在不同时间进行调配，这样会引起不同项目经理间的明争暗斗。

③矩阵型组织对统一指令的管理原则是一个挑战。项目中的员工都有两个直属上级；一个是职能部门的经理，另一个是项目经理。由此产生的问题很难有有效的解决

办法。

（3）适用原则。

当项目的开展需要多个职能部门的协助并涉及复杂的技术问题，但又不要求技术专家全日制参与时，矩阵型组织是唯一令人满意的选择。尤其是在若干项目需要共享技术专家的情况下，矩阵型组织的作用更明显。

选择什么样的组织形式应由项目本身的特点来决定，盲目套用不会收到很好的效果。在选择项目组织时，只有对组织进行深层次的分析和了解，才能找到合适的组织机构。

关键点提示

三种组织机构的适用范围如下：

1.职能式组织：规模较小、偏重技术的项目采用；2.项目式组织：项目较多、规模较大时采用；3.矩阵型组织：技术复杂、规模很大的项目采用。

2.8　如何做一名优秀的项目经理

工作场景描述

当想做一名优秀的项目经理时，可查看。

解读与分析

项目经理作为项目的管理者，是项目的核心人物，也是项目成功的关键。因此，项目经理的素质和技能水平直接影响着项目团队的效率，也影响着项目目标的实现。那么，如何做一名优秀的项目经理呢？以下是一些技能和策略。

1. 掌握基本的知识和技能

（1）解决问题的能力。项目经理最重要的特质就是辨识和解决问题的能力，要具备一些技术知识、业务知识、与别人合作的能力以及良好的评价问题的技能。

（2）有合作精神。项目是由一个团队来完成的，因此作为项目经理，具备与团队成员合作的精神很重要。另外，作为项目经理还要加强与其他项目经理、直线经理（职能经理）和高层管理者合作的能力。

（3）业务经验。在现代组织中，项目经理最好能具有广泛的项目运作经验。如果项目经理无法获得经验，该怎么办呢？以下是一些建议。

①在一个项目团队中主动去解决问题，这样可以获取解决问题的经验。

②自愿做一些记录工作或项目分析工作，这将使项目经理获得不同领域的工作经验。

③琢磨一些关于项目的想法并把这些想法提交给一位友善的经理。此种做法的风险在于项目经理的好主意可能会被其他人知晓。因此，最好选那些不太吸引人的主题。这里有一个好的建议给项目经理：收集整理各种项目中得出的经验教训。这项任务人们大多不太关注，因为它显得太普通了。

④尽力去熟悉所在组织的项目管理过程，了解一下其他现有的项目。

（4）技术经验。优秀的项目经理应该具有该项目要求的相关技术经验或知识。这并不一定要求项目经理成为这方面的专才，而是要求项目经理能够解决以下两个问题：第一，项目经理能够了解和分析问题；第二，项目经理要通过运用适当的技术做一些项目工作，从而参与到项目团队的工作中去。

（5）行政管理技能。它包括对项目管理软件和其他工具的了解以及做分析、准备预算和完成其他相关工作的能力。具备良好的行政管理技能也是成为优秀项目经理的必备条件。

2. 注重策略选择

做一名优秀的项目经理必须合理运用策略，以下是一些较为通用的策略和技巧。

（1）客户至上的原则。项目经理不仅要关注组织的发展，还要关心客户的需求。客户至上的原则应体现在项目的设计、发展和执行等各个阶段。只有客户满意，项目才能实现价值。

（2）明确客户需求。现代项目管理要求与客户建立紧密关系。为了提高效率、降低成本、增强竞争力，项目经理应充分了解客户需求，并按照实际需要，削减不必要的运作及预算。在实践中，许多客户并不了解自身的需求，项目经理需要指导客户明确自己的需求。

（3）制订明确的项目目标。无论项目规模大小，项目经理都要制订明确的项目目标，项目经理的任务就是借助合同帮助客户实现目标。

（4）善于应变。优秀的项目经理应该能够根据项目的性质灵活运用自己的经验和技能，随时应付各种可能出现的变化。

3. 掌握项目成功的诀窍

（1）不要重复别人犯过的错误。要吃一堑，长一智。

（2）80%的管理实际上就是正确选人的过程。人是项目中最重要的资源，也是项目管理的主要对象，能够正确选人是项目成功运作的前提和保证。

（3）创造一个人尽其用的环境。项目经理的基本职责是创造一个人人能够充分发挥作用的环境。

（4）试图雇用比项目经理强的人。不要让项目经理的自负成为项目运作的瓶颈。要组织一支强大的、高效的队伍，给他们足够的资源和解决问题的规则。

（5）让员工自己解决问题。项目经理不必事必躬亲，只需明确每项工作都有人负责即可。

（6）不要浪费时间。在项目实施初期，项目经理就应该抓紧时间，严格按进度开展工作。

优秀的项目经理是保证团队组织发挥最大效率，保证项目取得成功的关键人物。做一名优秀的项目经理不仅要掌握基本的专业知识和技能，要合理运用各种策略，还要掌握项目运作的技巧。

关键点提示

做一名优秀的项目经理应该做到：

1.掌握基本的知识和技能；2.注重策略选择；3.掌握项目成功的诀窍。

2.9 如何组建高效的项目团队

工作场景描述

当想组建一支高效的项目团队时，可查看。

解读与分析

项目目标是要靠团队来实现的，仅仅委派人员来承担选定的项目还不能算是创建团队。团队是承诺实现共同目标、处理工作需要互相依赖的人员集合。组建项目团队必须要从目标、角色、流程、关系、单位等五个方面做好工作。

1. 帮助成员形成对项目目标的共识

当团队成员相信他们的参与有助于实现有价值的职业和个人目标时，他们就会对项目负责。以下做法可以帮助团队成员建立并认同一种关于项目目标的共识。

（1）讨论项目动机、谁在支持该项目以及计划成果的影响。

（2）阐明项目成果怎样有益于组织的客户。

（3）强调项目成果怎样有助于组织的成长和生存。

（4）探究项目成果怎样影响每位团队成员的工作。

要鼓励项目组成员去思考他们对项目的参与怎样有助于实现他们的个人目标，比如获得新的技术与知识、结识新人、提高他们在组织中的地位以及增加晋升机会。但是项目并不仅仅是为了帮助团队成员实现个人利益。如果团队成员能够实现个人利益，同时也会给组织带来价值，这样，个人与组织保证项目成功的价值理念趋于一致，为项目取得成功奠定扎实的基础。

只有明确项目团队的目标和任务，明确项目成员的职责和角色，项目团队成员才会向着既定的方向齐心协力，团结奋斗。

2. 确定团队成员的角色

最容易导致成员理想破灭和产生挫折感的事情就是将被激发起热情的成员召集在一起，却又不给予他们任何有关如何共同开展工作的指导。两个或更多成员可能在未经协调的情况下开始从事同样的工作，而其他工作却被完全忽略掉了。其最终结果就是，成员或者在未与他人协调的情况下划分自己能完成的任务，或者逐渐撤出项目并转而服务于回报更高的任务。

为防止以上情况发生，项目经理要与团队成员合作来确定每位成员所承担的角色。要具体指明他们将完成的活动以及他们所承担角色的性质。可能的角色包括以下几种。

（1）主要职责：对于完成某项活动负有全责。

（2）次要或辅助职责：有义务完成某项活动的一部分。

（3）批准：在工作继续进行之前必须首先明确某项活动的结果。

（4）顾问：在需要时提供专业指导与支持。

3. 确定团队的运作流程

建立用以支持组织日常工作最低限度的团队运作流程有以下几个方面。

（1）沟通。以书面或面对面接触的形式共享与项目相关的信息。这种流程可能包括何时以及怎样使用电子邮件共享项目信息，哪种类型的信息应采用书面形式，何时以及怎样用文件证明非正式的讨论，怎样制订定期的汇报与会议计划来记录并审查项目进程以及怎样解决发生的特定问题等。

（2）冲突解决。解决团队成员关于项目工作的不同意见。项目经理既可以建立通常可以用来鼓励人们形成一致方案的标准方法或手段，同时又可以建立伸缩程序或手段，以便在参与人员不情愿解决矛盾时发挥作用。

（3）决策制订。在备选方法与行动之间作出决策。针对形势选择最适当的决策，决策的指导方针有：意见一致、大多数法则、全体通过协议以及技术专家决策，另外还有伸缩程序——当正常决策方法陷入困境时项目经理可以采用的手段。

4. 支持团队成员关系的建立

在高绩效的项目团队里，团队成员彼此信任，工作关系真诚而协调。建立信任而有效的工作关系需要付出时间和努力。在项目启动时就应帮助项目经理的团队成员互相了解并愉快相处。可以通过鼓励他们做以下事情来达到目的。

（1）共同解决冲突。

（2）利用灵感来挑战技术或管理问题。

（3）一起度过非正式的个人时光，比如共进午餐，或在休息时间参加与工作无关的活动。

5. 帮助团队成为运行顺利的单位

与项目经理的团队合作，通过以下几个步骤帮助他们成功地转变为运作顺畅的单位：

（1）养成与团队成员友好相处的习惯。友好地会见团队成员，礼貌地与他们讨论有关项目目标、工作安排等问题。共享项目计划，互相介绍团队成员，并谈论每位成员的背景、组织职责以及专业领域。

（2）鼓励团队成员开展争论。鼓励团队成员讨论有关项目计划可行性的任何问题或他们内心的顾虑，并与他们一起合作来消除顾虑。鼓励人们讨论与其他团队成员合作的情况，以及其他团队成员是否具备完成指定任务能力的任何保留意见。项目经理要让这些讨论集中于确保出色完成任务的方向，绝不能让它们变成一种无效的人身攻击。

（3）规范团队成员的行为。制定管理团队成员行为的标准和工作指导方针，并鼓励团队成员约束自己的行为。这种行为规范的例子包括以下内容。

①项目组成员是用什么方式提出并讨论不同观点的。比如，有些人非常礼貌地提出观点，而另一些人则积极与对方争论以试图证实自己的观点。

②出席会议是否及时。比如，有些人总是很准时地在会议上露面，而另一些人则习惯迟到15分钟或更长时间。

③会议参与情况怎样。比如，一些人坐在后面观察，另一些人则积极参与并提出自己的想法。

④实施情况如何。实施能够创造出所期望的产品或成果的项目工作，监督与既定安

排和预算相符的情况，如果需要对现有计划做出变更，要与相关人员共享有关项目进展和问题的信息。

（4）要注意的问题。在项目经理组建团队并指导团队开展工作时需要记住以下几点。

①如果项目一切进展顺利，可暂时不必纠结于是否完成“养成习惯、鼓励争论和规范化”阶段的工作。但是，当工作过程中经常出现问题，则要关注这个阶段上述几个步骤落实情况了。

②项目经理可能偶尔需要重新回顾一下团队已经完成的事项；要注意某些已发生的事件。例如，一个新人加入了团队，或者项目的一个重要方面发生了变化。

③要指导他们顺利经过工作的每一阶段；如果放任团队成员自己进行工作，他们通常无法友好相处，不能互相协调工作和关系。人们通常不喜欢面对棘手的人际关系问题，因此他们倾向于忽视这些问题。

④定期评估项目执行情况以及何处还需要突破一些难题；管理团队本身就是一个项目，因此项目经理需要定期评估项目进展情况，以及确定是否需要采取修正措施将团队引至正确的道路上去。

项目是需要人去执行的，项目目标的实现最终要依赖团队的努力，因此，团队建设是项目人力资源管理的重要内容，建立高效的项目团队是项目取得成功的关键。

关键点提示

组建高效的项目团队需要做好以下几项工作：

1.帮助成员形成对项目目标的共识；2.确定团队成员的角色；3.确定团队的运作流程；4.支持团队成员关系的建立；5.帮助团队成为运行顺利的单位。

2.10 如何建立团队绩效考评制度

工作场景描述

当想建立团队绩效考评制度时，可查看。

解读与分析

项目团队成员的绩效考评包括内部考评和外部考评。外部考评主要是客户的评价，由于时间、成本等因素，外部考评不可能频繁进行，所以很难做到客观公正。因此，对成员的考评主要是进行内部考评。所有关于项目成员的管理技巧均需要以有效的绩效考评制度为基础。作为项目负责人，项目经理应当设计出一套行之有效的绩效考评制度。

绩效评估制度的建立需要考虑以下问题。

1. 将考评制度贯穿于整个团队的运行过程

在团队成立之初，项目经理就应建立绩效考评制度，并且将其贯穿于团队运行的全过程。团队考评制度的实行需要成员在团队运行过程中相互支持、相互帮助，出现问题最好及时解决。

在团队建立之初，项目经理就要让成员了解绩效考评标准和团队行为规范。在项目团队发展的整个过程中，考评标准将结合出现的变化而有所调整，但调整不应过于频繁，并要由专门机构，如团队领导部门负责。团队成员对制度的认识关系到绩效评估的效果，并可能影响到团队的协作。

2. 对团队成员进行全方位评估

团队评估是全方位、全过程的，而且考评过程需要全体团队成员及其他有关人员的共同参与。在评估的全过程中要求成员充分了解团队行为规范和绩效考评流程，即进行360度的评价。

3. 考评过程中不得讨价还价

项目经理要严格执行考评制度，不能随意更改。考评制度一旦确定就要严格执行，要树立考评制度的权威性和稳定性，不恰当的问题应由专门机构负责调整，而不是在评估过程中随意修改。设计再完美的绩效考评制度也要依赖于实践中的严格执行。

4. 考评制度要与团队目标相结合

考评制度旨在调动成员的积极性，挖掘团队的最大潜力，实现长远的发展目标，为此，团队的考评机制必须基于团队目标制订，其考评内容也应该围绕实现项目目标来展开。因此，首先要用绩效考评的方法明确考核目标，将重点转向对团队的考核，而并非仅仅局限于个人。

5. 考评制度要考虑团队文化的影响

人普遍受其所处环境的影响，团队文化对其成员的影响力更是不容忽视的。所以，若想调动员工的积极性，应首先考虑团队的文化导向。考评制度不要与团队文化发展方向背道而驰。

6. 考评制度要注重团队的长远发展

建立考评制度，是为了团队长期稳定的生存和发展，虽然具体方式可以随团队的发展而不断变化，但团队的精神要一以贯之。

一切项目成员管理的技巧均需要以有效的绩效考评制度为基础，因此，建立合理的绩效考评制度是项目经理成功管理项目成员的一种手段和方法。

关键点提示

建立团队绩效考评制度应该做到以下几点：

1.将考评激励制度贯穿于整个团队的运行过程；2.对团队成员进行全方位考评；3.考评过程中不得讨价还价；4.考评制度要与团队目标相结合；5.考评制度要考虑团队文化的影响；6.考评制度要注重团队的长远发展。

2.11 如何设计有效的团队激励机制

工作场景描述

当想设计有效地团队激励机制时，可查看。

解读与分析

良好的激励机制是提升项目团队成员主观能动性的关键，设计激励机制应该以提高成员的主观能动性为目的，具体操作方式具有很大的灵活性。设计项目团队激励机制，一定要将团队的目标要求和个人因素相结合。

通常，项目经理在进行激励机制设计时需要考虑如下因素。

1. 将个人因素和诱导因素相结合

诱导因素指所有能够调动成员积极性的因素，通过对成员个人动机的把握，分析了解其需要，再结合项目组织拥有的奖酬能力，就能够有针对性地设计激励方式。

2. 考虑团队目标体系和行为规范

激励机制是为了调动团队成员的能动性，但最终的目的是完成组织目标，所以在设计激励机制时，必须要考虑企业和团队的目标要求。要使成员的个人需要与团队目标相结合，就需要设立一套行为准则，这一准则要考虑全局和整体，尽可能使受激励后的成员行为与组织的团队目标趋向一致。

3. 分配制度要考虑个人利益与整体利益的平衡

为实现企业和项目团队的目标，当成员实现既定的绩效标准时，就要给予相应的奖励。团队行为要更加强调集体性，力求通过调动成员个人的积极性来实现团队整体工作性能的最优化，分配奖惩措施也将更多地考虑个人利益与整体利益的平衡，从而实现员工个人目标与企业目标的相互融合，使个人利益与团队利益趋向一致。

4. 注重信息沟通

信息沟通贯穿于项目团队的整体激励过程，这是充分了解成员个人需要的基本方式，也是进行正确考评的基础。激励机制的有效性受信息沟通能力的影响很大，团队激励更是如此，由于信息不对称所造成的成员对工作的误解和不满会直接影响团队的工作。此外，通过信息交流，成员也可以了解团队的要求和期望，从而在项目工作中，更好地落实团队目标，实现个人利益与团队利益的协调。

所以在项目团队激励机制的设计中，要将团队的目标要求和个人因素结合起来，通过分配制度、行为规范和信息沟通，实现团队和个人协调一致、共同发展的目的。

关键点提示

设计有效的激励机制应该考虑以下因素：

1.将个人因素和诱导因素相结合；2.考虑团队目标体系和行为规范；3.分配制度要考虑个人利益与整体利益的平衡；4.注重信息沟通。

2.12　如何激发并维持团队成员的工作动力

工作场景描述

当想激发并维持团队成员的工作动力时，可查看。

解读与分析

有效率的程序步骤和融洽的工作关系会为项目成功创造机会。作为一名项目经理，主要任务就是激发所有项目相关人员的工作动力，并鼓励他们为项目成功承担责任。激发并保持成员实现某一目标的工作动力可以采取如下四种措施。

1. 向成员阐明项目利益

一些成员答应完成指定任务可能是因为有人让他们这样做，而当项目经理赞赏某项目的好处时，将获得项目成员更严肃、认真的工作承诺。在与团队讨论项目利益时，应考虑产品和服务是否优良，是否会产生更高的销售额，生产效率是否会大幅提高，是否有更好的工作环境等。慎重考虑这些问题，对项目经理的组织、员工和客户都很重要。另外，还要考虑项目能给个人带来的利益，例如，是否能学习新技能、丰富知识？是否能在愉快的环境中工作？是否扩展了商业交往能力？是否提高了职业潜力？

明白了利益的重要性，就知道该如何采取具体做法去实现各自的利益。

（1）帮助项目成员理解并赞赏项目能为组织带来利益的做法。

①识别导致项目产生的情况；

②识别项目的关键驱动者并阐明他们希望实现的目标；

③接受并赞赏在项目经理心目中项目利益的价值；

④鼓励他人讨论他们的期望利益并认识其价值；

⑤鼓励他人思考可能被忽视的其他利益。

（2）告诉项目成员通过参与项目讨论能够实现个人利益的做法。

①讨论他们的个人兴趣和职业目标，并将这些兴趣和目标与项目的有关方面联系在一起；

②讨论他们过去欣赏的项目以及喜欢这些项目的原因；

③讨论他人希望通过该项目实现的部分利益。

2. 论证目标的可行性

如果项目经理认为有可能完成某项目，那么该项目就是可行的。不管一个项目多么诱人，如果项目经理认为根本不可能完成，他就不会充满激情地工作。成功并非一定需要保证，但必须相信机会。如果项目经理放弃了对项目的可行性论证，就可能失去成功的机会，因此，项目经理应和项目成员共同确定项目将在何时完成，将会怎样完成，项目完成以后将会产生什么结果。这样可以帮助项目成员相信项目是可行的，是能够成功的。具体地说，要考虑以下问题。

（1）让成员参与计划制订过程。

（2）鼓励成员关注识别潜在的问题，使项目经理能够分析并制订计划解决这些问题。

（3）解释项目经理为什么认为自己的目标和计划是可行的。

（4）制订灵敏的风险管理计划。

3. 及时通报项目的进展情况

赞赏项目的价值和可行性有助于激发项目成员最初的工作动力。但是，如果项目持续两周以上，而项目经理又没有不断通报项目进度情况，那么项目成员最初的工作动力就会逐渐消失。项目成员需要了解他们的工作进展情况，这出于两点原因：第一，到达每一个中间转折点都会给项目成员带来个人满足；第二，项目经理对成功绩效的认可增强了项目成员成功完成项目的信念。

以下做法有助于让项目成员沿着正确的轨道前进，并让他们满怀激情地投入项目工作。

（1）在计划中明确项目运行的中间转折点。

（2）不断评估项目成员的工作情况。

（3）经常与项目成员分享有关他们绩效和成就的信息。

（4）不断强化项目成功完成时每个人能够实现的利益。

4. 授予奖励

奖励是对项目成员工作所取得成绩的肯定。通过奖励，项目成员能知道他们所做的事情是重要的，是被肯定的，从而可以激发他们的工作热情，保证项目的顺利实施。

激发项目成员的工作热情，使其保持旺盛的士气和斗志是保证项目目标实现的条件，也是项目经理的责任和义务，同时也是管理的一种技巧和方法。

关键点提示

激发并维持团队成员士气的四种措施是：

1.向成员阐明项目利益；2.论证目标的可行性；3.及时通报项目的进展情况；4.授予奖励。

2.13 如何进行项目团队的文化建设

工作场景描述

当想进行项目团队的文化建设时，可查看。

解读与分析

在一个具有良好文化的项目团队中，成员们有强烈的归属感、一体感，充满活力与热忱，能正视困难、不怕挫折，始终保持着工作的激情和昂扬的斗志。即使是一个素质很差、行为不羁的成员，在团队文化的熏陶下，也会努力学习、积极奋进。所以，越来越多的项目组织和企业开始注重自己的文化建设，并把那些复杂、困难的项目、工作任务交给文化建设较好、团队精神昂扬的队伍。

团队文化是指团队成员在相互合作的过程中，为实现各自的人生价值，并为完成团队共同目标而形成的一种潜意识文化。通常指在团队驱动的企业内与人们的生活方式相关联的一系列相互协同的共有观念和信仰。进行团队文化建设要做好以下几方面工作。

1. 增强团队的凝聚力

团队凝聚力是维持团队生存和发展的必要条件。一个丧失了凝聚力的团队，就像一盘散沙，将呈现出低效率的运行状态。如果团队凝聚力强，其成员的工作热情就高，做事认真，并且会不断创新。因此，团队凝聚力是实现团队目标的重要条件。

具有较高凝聚力的团队通常具有以下特征：成员归属感强，愿意参加团队活动并承担团队工作中的相关责任，维护团队利益和荣誉；项目成员之间信息沟通快，互相了解比较深刻，关系和谐融洽，具有较高的民主气氛。

以下是增强团队凝聚力的一些做法。

（1）经常举办一些小型聚会，让全体成员参加，共同探讨工作中存在的一些问题以及交流成功的经验、心得和体会。

（2）尽量将有关项目的决策透明化，让团队成员了解项目的整体情况，从而增强项目成员的主人翁意识。

2. 鼓励成员全力投入团队的工作

只有团队成员贡献自己的智慧和力量，并全力投入团队的工作中去，项目团队才能卓有成效地运作。这就是说，团队成员要全力投入团队的运作过程，愿意贡献自己的专业技术与能力，愿意去了解客户的要求并对客户负责，最终才能令客户满意的产品和服务，成功实现项目目标。而要完全做到这些，需要做到以下几点。

（1）要使团队成员愿意承担各自的责任。也就是说，团队成员应对团队的成败负共同责任，愿意相互协调合作，共同完成项目的目标，且相信自己对这个团队及其他团队成员负有责任，对指派给自己的工作负责。

增强团队成员责任意识的一般做法有如下两点。

①明确分工，明晰个人责任；

②奖罚分明，做到该奖则奖、该罚则罚。

（2）使团队成员能始终保持活力与热忱。项目的运作过程往往冗长且常常会遇到困难与挫折，唯有团队成员始终保持活力与热忱，方能使团队有效地运作，这样可以使团队成员相处愉快，并享受成为团队一员的乐趣。

保持团队活力和热忱的具体做法有如下三点。

①鼓励成员间相互交流，分享工作乐趣；

②肯定成员的工作成绩，并提出工作的目标和期望；

③鼓励成员树立克服困难和挫折的信心，并互相激励。

（3）鼓励团队成员不断追求进步。这样，团队成员能从团队工作中实现自我成长，使他们相信团队工作是一个持续性的改善过程，愿意从错误中学习，并愿意建立一个优良的团队。

鼓励成员追求进步的方法有如下三点。

①肯定成员所取得的成绩，并指明其不足；

②列举工作上先进的例子，并鼓励大家学习；

③给成员提供追求进步的舞台，开展各种形式的培训和交流。

3. 培养团队的民主氛围

一个民主的团队具有开放、坦诚的沟通气氛，团队成员能在其中感到很轻松。在工作中，信息能充分地沟通，项目成员能经常从团队得到反馈，并愿意倾听、接纳其他团队成员的意见，尤其是愿意接受来自团队内外的批评，愿意倾听客户的意见。

项目经理通过培养团队的民主氛围，可以使团队成员之间的关系更加融洽，从而使团队更好地开展工作。其具体做法有如下几点。

（1）使所有团队成员都能获得充分的信息，对项目基本运作有较多的了解。

（2）让所有团队成员都有充分参与团队各项活动的机会。

（3）让所有团队成员都有发言权，让他们感到每个人具有同等的重要性。

（4）如有必要，让所有团队成员都能参与决策。

（5）在团队内部培养尊重不同观点的风气。

（6）认可团队内部不同的动机、价值观和意见。

（7）确保所有团队成员能全过程参与项目工作的讨论。

（8）在进行决策、解决问题、化解纠纷和从事其他工作的过程中，能综合多方的观点，采纳合理的建议。

4. 帮助团队成员规划和发展事业

事业发展是指团队成员为达到事业目标作出相应的决策并付诸实践的过程。事业规划则是指团队成员对职业、项目组织和发展前途的选择。事业发展与规划是每位项目成员不断寻求满意的工作与高生活质量的动态平衡过程。对项目经理来说，要想方设法帮助团队成员规划和发展他们的事业，并帮助他们取得成功。

要帮助团队成员规划和发展事业，具体做法有以下几种。

（1）帮助团队成员在项目团队找到自己合适的位置，扮演好自己的角色。

（2）努力创造平等参与的机会，使团队成员充分发挥个人才能。

（3）鼓励团队成员不断上进，不断充实和提高自己。

（4）让团队成员了解自己表现良好的地方。

（5）协助团队成员从错误中学习。

好的团队文化将会激励团队成员努力奋斗、追求上进。因此，进行团队文化建设是项目经理不可忽视的一项工作，它有助于项目的顺利实施。

关键点提示

进行项目团队文化建设的措施有以下几点：

1.增强团队的凝聚力；2.鼓励成员全力投入团队的工作；3.培养团队的民主氛围；4.帮助团队成员规划和发展事业。

2.14　如何了解和识别项目成员

工作场景描述

当想更好地了解和识别项目成员时，可查看。

解读与分析

通常，项目就像一座冰山，90%隐藏在表面以下。项目经理在接受一项任务后，如果不能及时让关键人员参与到项目中来，就有可能承担风险。因此，当项目经理在开始思考一个项目的时候，就要同时物色可能在项目中担任角色的人。

识别项目成员通常有以下几种办法。

1. 使用类目制作成员列表

通过建立类目登记编组制作成员列表。这些类目应当包括所有能确认成员的主要领域。

（1）组织内部的人和群体。包括上层管理者、项目经理、团队成员、通常参与群体（如人力资源部、财务部）及与该项目相关的专业群体或个人。

（2）组织外部的人和群体。包括客户、合作者、供应商等，还包括为项目制订规则的管理机构、专业人员或团体等。项目经理可以通过分别在各类目内识别人员或团体，直至每个领域都确认特定成员的名字与职位的方式来进一步制订成员列表。

另外还不应忽略以下潜在人员：所有的支持群体、项目产品的最终使用者、维护或保养最终产品的人。

2. 提高成员列表的完整性和实用性

为确保成员列表完整、实用，在制订成员列表时要贯彻以下指导方针。

（1）以职位描述和姓名确认每一位成员。例如，最初项目经理可能笼统地将销售和营销领域的所有人员识别为成员。但是，后来项目经理通过筛选的方式，决定将销售和营销领域的部分合适的人员列为团队的成员，并对具体成员的姓名进行确认。

（2）与大量人员交谈。要与组织中不同的人员交流核对，询问的人越多，把某位重要人物漏掉的可能性就越小。

（3）留够充足的时间来建立成员列表。项目经理对该项目的思考时间越长，可能识别的潜在成员就越多。

（4）要包括可能在项目执行期间发挥作用的所有人员。

（5）要包括团队成员所属职能部门的经理。

（6）对于一个人所承担的多个角色，在成员列表的不同位置上要分别列出他的名字。

（7）在项目进展中不断为成员列表添加或删除名字。

3. 建立成员列表模板

成员列表模板可以反映在处理无数个同类型项目时积累的经验。使用模板可以节省时间并提高其准确性，如表2-1。

表 2-1　常用的成员列表模板

	新项目	已有项目1	已有项目2
职位描述			
获得（要求）经验			
具备经验的人员			

在使用列表模板时要注意以下几点。

（1）为经常执行的任务建立列表模板，同时也为整个项目建立模板。

（2）集中于职位描述而不是成员的名字。

（3）根据以往实际进行过的项目建立和修改成员列表模板，而不是根据看起来很完美的计划。

（4）将列表模板作为出发点而不是终点。

（5）不断更新列表模板，以使其准确反映项目经理在不同项目实施过程中获得的经验。

利用上述几种方法，项目经理就可以很好地了解和识别所需要的项目成员了。

关键点提示

了解和识别项目成员的方法有：

1.使用类目制作成员列表；2.提高成员列表的完整性和实用性；3.建立成员列表模板。

2.15　如何对项目团队成员进行有效指导

工作场景描述

当想对项目团队成员进行指导时，可查看。

解读与分析

“金无足赤，人无完人。”团队成员并不总是完美无缺的，这就需要项目经理对其进行指导，而指导是需要一定技巧的。一般来说，对团队成员进行有效指导可以采用以下方法和技巧。

1. 确立榜样

进行指导最有效的方法之一是确立榜样。项目经理必须有能力对团队成员进行有效的指导。如果项目经理由于个人原因未能发挥工作能力，或者未能做到他自己对团队成员的工作要求，那么他对团队成员进行有效指导的可能性就会大打折扣。当项目经理规定工作的开始时间为早上8点时，如果他每天都迟到，那么就会给团队成员传达一种很强的负面信息。反过来，如果团队成员加班时，而项目经理留下来与他们一起干，就能向团队成员传达一种积极的信息。所以，确立榜样可以对团队成员起到有效指导的作用。

2. 合理运用赞扬与批评手段

（1）赞扬。赞扬是项目经理可以使用的最有效的方法之一。赞扬必须是真切和诚实的。赞扬必须与项目启动时（和团队成员加入时）所确定的预期目标有关。赞扬可以是对成员以很好的方式完成的工作或对技术的改进表示肯定。赞扬是对个人或团队出色工作的反馈。

（2）建设性批评。项目经理必须谨慎使用批评语，并且尽量在私下场合进行批评。只有以中肯的态度处理关于个人绩效的批评，才能收效最大。批评的目的是求得工作的改进。建设性的批评最好将成员工作中目前存在的问题，用平静的方式传达给团队成员。

对团队成员进行批评一般是比较困难和尴尬的事情。但不足之处必须改进，而且团队领导一定要确保团队成员的工作会得到改善。指出团队成员工作不足之处，是为了说明不足之处将导致团队工作不能达到预期效果，并且征询整个团队成员的意见如何来避免这种情形，让团队成员去判断坚持错误将会产生怎样的结果。作为项目经理，应该随时做好指出团队成员工作不足之处的准备，并将指出不足之处看作改善项目运行结果的一个步骤。

3. 指导团队成员提高个人工作水平

要提高团队成员的个人工作水平，项目经理的努力应以下面四个目标为指导。

（1）使个人能够认识到自己的长处和短处，并能找到问题所在。项目经理要成功达到这一目标需要的是耐心、发自内心的关注、清晰的思路和沉着的举止。

（2）使个人能根据事实决定可行的做法来避免自身的短处，并且选择一种行动方案。项目经理要达到这一目标，要运用相关的技巧、知识和约束措施。

（3）使团队成员采取合理的、经过改进的行动，这取决于个人对自己所做决定的投入程度以及对完成工作的信念。

（4）使个人对某项决策及行动承担全部责任。只有把上面三个目标结合在一起，才能使这一目标得以实现，因此项目经理必须在获得个人对行动的承诺之前确保前三个目标的实现。

对团队成员进行指导是建立团队协作的前提，也是改进工作、提高团队工作效率的重要因素。因此，作为项目经理，要适时对项目成员进行指导，以提高团队的整体战斗力。

关键点提示

对团队成员进行指导的方法和技巧有以下几点：

1.确立榜样；2.合理运用赞扬和批评手段；3.指导团队成员提高个人工作水平。

2.16　如何对项目团队成员进行技能培训

工作场景描述

当想对项目团队成员进行技能培训时，可查看。

解读与分析

要保证项目的成功，一定要加强对项目成员的培训。

项目团队是由具有不同的技术、能力、知识和个性的人员组成的。项目经理的重要职责就是分析项目的技术要求，选择合适的项目成员，组建一支高效的项目团队，同时对项目团队成员进行各种技能培训。培训一般要经过以下步骤。

1. 了解培训需求

通过对培训需求与培训对象状况的评估来了解有哪些培训对象，他们的觉悟、素质、技能状况如何，他们需要哪些方面的培训。

通常，团队成员主要有以下培训需求。

（1）团队价值观的培训。即向团队成员灌输各类团队价值观，以提高其觉悟并以优秀的理论来武装和统一整个团队的思想。

（2）业务技能的培训。一方面是为了提高团队成员本身的专业技能，另一方面让团队成员对其同伴的知识、技能、专业术语等有足够的理解，以便合作。

（3）团队技能的培训。团队成员之间工作技能的差异既是团队冲突的来源，也是团队创造力的源泉。为了充分有效地运用团队成员间工作技能的差异，必须要对团队成员进行团队技能的培训，这主要包括人际关系技能的培训、解决冲突能力的培训、敏感性训练、维护团队行为规范的培训、团队会议技能的培训、团队决策技巧的培训、团队绩效评估方法的培训等。对团队领导而言，还要接受如何从传统的领导向团队型领导转变的训练。例如，如何充分授权、如何充当教练、如何激发热情、如何营造良好的团队氛围等。对团队新成员而言，需要通过培训对团队有一个概括性的初步了解，如了解有关团队建设的知识、熟悉本团队的历史与背景、浏览团队的会议记录等。

2. 为培训的需求订立计划

了解培训的需求后，项目经理就要制订合适的培训计划，其具体措施是：确立培训的时间、频率、教员、地点、方式、材料以及保险措施等，然后去努力兑现，使团队成员的需求得到满足。

3. 做好培训实施与反馈

培训最好贯彻学以致用的原则，注意实用性，并充分注意培训的效果与效率，多采用在实践中学习的方式，教员既可以来自企业内部，也可以是外来的专业培训者和顾问。要达到有效培训，通常可以采取如下做法。

（1）提供提问题的机会，鼓励团队成员积极参与；创造友好热情的气氛，鼓励团队成员共同分享。

（2）将同一信息以不同形式多次重复，并经常进行精确的信息反馈。这样每次反馈回来的信息都可能有一些新的内容和亮点。

（3）将以前的经验与培训内容有效联系起来，并为新教的内容提供实践的机会。

只有团队成员的技能提高了，才能保证项目顺利实施。对项目成员开展培训，可以提高整个团队的效率，是项目顺利进行的必要条件。

关键点提示

对团队成员进行技能培训的步骤有以下几点：

1.了解培训需求；2.为培训的需求订立计划；3.做好培训实施与反馈。

2.17 如何建立和维护团队成员间良好的人际关系

工作场景描述

当想建立和维护团队成员间良好的人际关系时，可查看。

解读与分析

与人积极交往，分享别人的成就，以博爱的情怀对待别人， 善于激励他人，正确处理冲突，是建立良好人际关系的基本方法。

良好的团队人际关系是建立项目团队和谐氛围的基础，可以使团队焕发出很强的凝聚力，是项目取得成功的基石。改善项目团队成员间的人际关系能大幅提高工作效率。帮助团队成员建立和维持良好人际关系的方法主要有以下几种。

1. 鼓励团队成员间积极交往

交往在人际关系的建立与维系中起着重要作用，它能为交往双方带来有价值的信息和情感交流，使得交往双方相互了解彼此的爱好、能力和人格等。人际交往是团队成员相互适应、相互协调配合的过程。团队成员在交往时要经常进行“角色易位”，这样，成员就能够站在对方的立场上去处理事物、考虑问题，了解其他成员的要求与感受，从而改善自己待人接物的态度和行为。这样可以避免因误会和隔阂而导致冲突，使团队人际关系保持和谐。

2. 鼓励团队成员间相互分享成就

与别人分享自己的成就不仅可以获得更多快乐，还可以促进上下级之间关系的和谐。因此，作为项目经理要鼓励团队成员间相互分享工作成就，这样有助于建立一种和谐、积极的团队意识。

3. 鼓励团队成员激励他人

一个人若能满足和迎合他人情感上的需要，就会引发他人的肯定态度，并产生满意、愉快、认同的情感；反之，就会引发否定态度，产生愤怒、憎恨、逃避等消极情绪。项目经理要鼓励团队成员真诚地激励他人，这是加深团队人际关系的有效途径。

4. 正确处理团队内部冲突

冲突有正面效应也有负面效应，正面效应的冲突如强心剂一般，可以给团队带来活力；只有负面效应的冲突才是项目的“杀手”。

冲突是团队生活的特色，往往难以避免。项目经理经常被认为是“冲突经理”，正是通过对冲突的解决，项目才得以顺利开展。如何解决团队成员间的冲突呢？一般有以下方法。

（1）鼓励团队成员之间适当竞争。开展生产竞赛、公告绩效记录、根据绩效提高团队成员报酬都是有效的手段。竞争可以提高团队成员的积极性，但是需要加以控制。竞争必须严格界定，规则必须明确。

（2）鼓励团队成员之间开展争论。适当的争论是有益的。在争论过程中，团队成员通过意见的交流，最终达成共识。为了鼓励团队成员之间开展争论，可以对争论双方给予适当奖励，或为争论提供固定的渠道、场所、时间，使争论正式化。

（3）促进团队变革。变革是团队发展的动力。期望变革与反对变革的双方会发生冲突，因此要合理利用这种冲突，激发团队变革的动力，以便形成更符合团队发展要求的关系模式。

关键点提示

建立和维护团队内部良好的人际关系的方法有：

1.鼓励团队成员间积极交往；2.鼓励团队成员间相互分享成就；3.鼓励团队成员激励他人；4.正确处理团队内部冲突。

第3章

项目执行阶段常见问题

项目执行是指为完成项目而进行的正式活动。由于项目成果是在这一阶段产生的，所以这一阶段是项目实施过程中最重要的环节。衡量项目执行效率的一个重要指标是项目进度。项目进度直接影响着项目目标的实现，同时进度又在不同程度上影响着项目的成本和质量。可以说，项目进度是项目周期的一条生命线。

要保证项目进度，必须合理估计项目完成时间，掌握项目进度控制的方法和技巧，从而制订合理的项目进度计划，以保证项目按进度计划进行。与此同时，还要对项目目标执行工作进行追踪，及时发现执行工作中出现的问题和偏差，采取措施加以解决和纠正，为整个项目执行工作铺平道路。

3.1　如何改善目标执行组织机构

工作场景描述

当要通过改善目标执行的组织机构，提高目标执行效果时，可查看。

解读与分析

目标执行需要具备完善的组织机构，不合理的组织机构会拖慢目标执行进度，影响目标执行结果。管理者要改善组织结构，可参考以下做法。

1. 变“垂直”为“扁平”

人数一样多的企业，在组织形式上，有的采用“垂直式”，有的采用“扁平式”。如果企业的组织形式是部门经理—业务组长—班长——一般工作人员，就称之为“垂直式”组织。管理者应该设法将“垂直式”组织变换为阶层更少的“扁平式”组织，这样对企业才更加有利。

一般说来，垂直的组织形式不利于目标执行中的双向沟通，这种组织形式等于在沟通双方中间增加了关卡，妨碍了管理者和员工之间信息的有效传递。而在扁平式的组织机构中，管理者直接接触员工，交流双方不必煞费苦心地沟通，就可以达到增加沟通效率的目的。

2. 化“整”为“零”

以往的目标执行活动常以部门和个人为单位，但效果并不理想，这种方式也达不到目标管理的要求。建立“行动小组”是一个很好的方法，采用“行动小组”这种方式既可以避免以部门为单位执行目标时出现的互相推诿现象，又可改善个人行动时孤军作战的状况。如果“行动小组”发展顺利，组织就会活跃起来，同时个人也会活泼起来。“行动小组”受到企业广泛关注的理论背景也正在于此。

3. 以“面”代“线”

构成各组织的各成员之间，不仅应具有与管理者直接联系的“纵”的连结面，而且成员彼此之间也应具有“横”的连结面。由于业务高度复杂化，“横”的联系将更为有用。也就是说，需要采用“面”的方式对企业进行管理。所谓把“线”变成为“面”，也就是“纵线 × 横线 = 面”，把小组成员的纵向联系和横向联系都加强，可以更好地发挥行动小组的作用。

4. 小组重叠

在目标执行的组织机构中，中层管理人员往往扮演着双重角色，既在上级执行小组中为组员，又在下级执行小组中为组长。在上下两个小组中，中层管理人员的位置正处于上级和下级的重叠处，产生的关系可称为团队的“重叠关系”。如果能把整个团队用这样的重叠关系联结起来，那么也就能把整个组织团队化了。

作为一名中层管理人员，如果工作跟经理级团队有关时，必须发挥作为组员的作用，去做一个组员应做的事；如果工作和组长级团队有关时，则必须发挥作为管理者的领导作用。将不同的执行小组重叠在一起可以改善工作流程、加强意见沟通、协调人际关系，对目标执行工作大有帮助。

总之，组织机构是否合理对于目标执行的结果影响很大。合理的组织机构可以节省成本，使执行人员协调一致，共同努力去完成目标，提高工作效率。

关键点提示

改善目标执行组织机构可采用以下方法：

1.变“垂直”为“扁平”；2.化“整”为“零”；3.以“面”代“线”；4.小组重叠。

3.2　如何制订组织成员的目标执行标准

工作场景描述

当要制订具体的标准，让组织成员按标准执行目标时，可查看。

解读与分析

企业都希望目标执行人能规范、有效地执行目标。如果管理者想使组织成员有效地执行目标，应如何进行呢？成功的管理者要求组织成员按以下标准开展目标执行工作，以有效执行目标。

1. 牢记目标

所有的目标执行者都须随时记住总目标、自己的目标和工作进度安排，并有效地运用上级赋予自己的权限，加强自我控制，努力达成目标。

2. 认真完成工作

未列入目标中的工作，目标执行者也应用心去做，而不应只专注于自己的目标工作，这样才能有效地完成所管理的全部工作。

3. 加强沟通

除日常管理工作外，上级须定期与下属接触，了解目标执行情况，及时调整目标，并研究、解决出现的新问题，使目标执行工作能平稳发展。

4. 及时报告

对目标执行过程中发生的特殊情况，在非报告上级不可的情况下，目标执行者应尽量以最快的方式提出报告，使上级第一时间掌握相关情况。

5. 亲自处理日常事务

在目标管理的原则上，除非下属要求上级指导或协助，否则工作上的细节，应由下属亲自处理。

总之，目标是靠组织成员去完成的，管理者应制订规范、具体的目标执行标准，这样才可使目标执行者找到执行的依据，并提高目标执行的效率，改善目标执行的结果。

关键点提示

使组织成员有效执行目标可从以下几方面着手：

1.牢记目标；2.认真完成工作；3.加强沟通；4.及时报告；5.亲自处理日常事务。

3.3 如何促使下属自觉执行目标

工作场景描述

当想让下属自觉执行项目目标，从而使其自我启发、自我成长时，可查看。

解读与分析

成功的上级主管一般会从“让下属了解整体目标、上级目标、个人目标”“让下属自我管理”“让下属自由裁量成果”“权限委让”“让下属进行自我启发”等方面入手，让下属自觉执行项目目标。

1. 让下属了解企业整体目标、上级目标、个人目标

（1）了解总体目标，才能明白行进方向；了解目标体系，才能明白自己的个人目标在总体目标中的位置，有助于下属向目标努力。

（2）只有了解企业和本部门的目标及其对个人目标达成的影响，下属才能有所遵循，有助于个人目标的达成；只有彻底认识上级的目标，才能使个人目标顺利实现。

2. 让下属加强自我管理

整体目标经明白提示，上级主管的目标充分被下属了解，下属的目标也就明确了。应该以具体、定量的方式来表示最后结果，不得已时，可用日程目标代替，但前提是能

测定目标的达成程度。如此，下属才能检查其目标达成过程，才能做到自我控制；经理也才能测定下属目标的达成程度，做到不用干涉就可进行整体管理，并在最后阶段依此测定并评估目标达成的成果。个人可自行选择目标达成的方法，这样可以激发个人工作意愿，让个人发挥自己的工作独创性来达成目标。

目标管理的最大优点就在于它能使管理人员控制自己的表现，即实现“自我控制”。“自我控制”意味着一种更强大的动力：它追求卓越而不是仅仅要求过得去，它意味着更高的业绩目标和更广阔的视野。

3. 让下属自由裁量成果

目标应达成的成果，可由达成目标的下属自由裁量决定，让下属在充分了解企业目标、上级目标之后，自由决定其工作方式，上级主管不予事事干涉。如果只是一些小差错，可以留待下属自行发觉并改进；但若出现违反规定的大差错，上级主管应予以纠正。

目标管理的一大原则是尊重目标执行者的意愿，可给予员工较大的自由裁量的余地。不过强调自由裁量，并非意味着员工可以为所欲为。上级主管应加强对员工的监督管理，并要求员工定期报告工作进度。

4. 委让权限

（1）在设定目标的阶段，原则上应该把达成目标所需的权限委托给下属。对权限的转让，视各企业的个别规定而有所不同，尤其是牵涉部门间的协调事项，变化复杂，如何授权下属，有赖于上级主管的判断能力。在实际工作中，上下级双方应事先确定委让条件，再进行授权。

（2）权限的委让，虽可以规定的、不成文的习惯为依据，但一般仍以下属的目标大小、能力高低作为是否决定委让的准则，同时还要依靠上级主管的判断能力。

（3）企业里有各种各样的人才，在经营管理中，如果企业只强调推行目标管理，而不实行真正的授权，不给下级独立判断和解决问题的权限，就无法发挥他们的聪明才智。

（4）授权的中心环节是使下级具有决定权。既然上级主管已经把权利委让给了下级，下级又有明确而具体的目标，那么如果在下级执行目标的过程中，事事还由上级主管来决定的话，就不是真正的授权。

5. 让下属进行自我启发

管理工作，常需要工作执行者有在职学习的经验，才能获致最佳学习效果。为达成设定的目标，上级主管要让员工自己统御其执行过程。在这一过程中，员工必会遇到许多预料不到的事，上级主管必须要求员工自己负起责任来克服、完成，训练员工由执行结果得知自己的判断是对还是错的能力，并借此培养员工判断事情是非的能力及处事的决断力。因此上级主管实施授权式管理，让下属自己控制目标达成的过程，可以起到让下属自我启发、自我成长的作用。

总之，在目标管理中，员工的自主控制和自主管理是要突出体现的。企业各级主管都应鼓励、协助下级执行人员自觉执行目标，使下属的工作能力得到提高。

关键点提示

要想使下属自觉执行目标，可从以下几方面着手：

1.让下属了解企业整体目标、上级目标、个人目标；2.让下属加强自我管理；3.让下属自由裁量成果；4.委让权限；5.让下属进行自我启发。

3.4 如何协助下属执行目标

工作场景描述

当在目标执行过程中需要协助时，可查看。

解读与分析

成功的管理者一般从适当授权、提高下属工作意愿、给予下属支援与协调、适时地交换意见、适当控制五方面协助下属执行目标。

1. 适当授权

（1）下属设定目标后，上级主管就应将自己所属职务范围内的决策权及责任尽量授给下属。下属会有被重视的感觉，产生较强的工作意愿与荣誉感。

（2）为达成目标，上级主管必须给予下属充分的权限，使其有发挥才能的机会。但发生突发事件时，上级主管多半都会收回这些权限，这是因为下属不习惯利用权限，一旦突然得到权限，内心反而不安或难以正确使用权限。此时下属就会丧失成长机会，而上级主管也因独揽大权而忙得不可开交。

2. 提高下属工作意愿

上级主管如果缺乏下属的合作，也难以完成企业所赋予的使命。所以，上级主管一定要获得下属的拥戴与合作，进而提高下属的工作意愿，以便圆满达成目标管理。

在日常工作中，上级主管与下属之间存在意见偏差是难免的，但只要诚恳、耐心地与下属讨论，问题必可迎刃而解。为此，主管人员应可以从以下几方面协调自己与员工之间的关系。

（1）对下属的态度，应采用“朋友”情谊方式。

（2）对下属的领导，应采用“引导”方式。

（3）对下属意见的获得，应采用“交换意见”的方式。

（4）对工作的分配，应“启发”下属自发地工作。

通过上述执行方式，一方面能把握目标执行的全部进展，另一方面可使下属工作积极性高涨，从而达到目标管理的效果。

3. 给予下属支援与协调

（1）上级主管应当根据下属“目标卡”所列的工作条件，给予下属必要的人力、物力的支援与协助。此外，下属所定目标的达成，需要其他部门支援时，上级主管应协助进行“横向联系”，以协调部门间的团队合作，共同达到目标。

（2）当下属的目标互有密切关联时，如无法继续保持关联性，则将影响目标达成的结果。因此，上级主管要不断从整体的立场来查看目标达成的情形，如有危及整体均衡时，应该迅速采用协助、建议的方式进行调整。

4. 适时地交换意见

上级主管应适时地与下属交换意见，积极表示欢迎下属发表意见，以便掌握相关信息，发现问题。这样，才能给予下属适当的支援，协助其顺利达成目标。

5. 适当控制

上级主管在同下属交换意见时，如果能更主动一些，效果会更好。

（1）集中注意那些执行结果发生偏差者，并协助其采取补救或纠正措施。

（2）任由下属去自我统御，并非放任。上级主管对下属工作的细节不予干涉，但需要正确地把握目标的达成情况，必要时给予适当的建议与协助，让下属有效地工作并能顺利达成目标。

（3）目标的执行责任虽在下属，但上级主管仍要承担达成目标的责任。故在整体目标的指引之下，上级主管仍需对下属进行合理的督导与控制。

总之，在日标执行的过程中，目标执行人都希望自己独立解决问题，完成目标，希望拥有自行处理问题的权利。但上级主管在授权之后也不应放手不管，而要适时地对下属进行指导和协助，这样才有利于目标的实现。

关键点提示

协助下属执行目标应从以下几方面着手：

1.适当授权；2.提高下属工作意愿；3.给予下属支援与协调；4.适时地交换意见；5.适当控制。

3.5 如何把握目标执行的重点

工作场景描述

当想把握目标执行的重点，以便节省时间时，可查看。

解读与分析

成功的管理者一般从授权、创造例外管理的局面、增强洞察力、培养工作独创性等方面把握目标执行的重点。

1. 合理授权

管理者有必要把简单的工作和日常例行的工作托付给下属去做，自己集中力量去做重要的事情，这样既可以提高下属的工作积极性，又可节省自己的时间。

2. 创造例外管理局面

（1）对管理者来说，应将工作重心放在例外管理和重点目标上面，应努力创造一个必须进行例外管理的局面，放手将没有多大困难的目标交由下属去完成。制订高难度的计划要考虑例外管理和重点目标两大因素。正确理解例外管理和重点目标的意义，对目标的有效执行帮助很大。

（2）管理者应向艰难的目标挑战，订立高难度的计划，随时拿出自己的创见，倾注全力去解决工作中出现的意外状况。由于没有余力去解决别的问题，管理者必须把一般工作都托给下属去做。

3. 增强洞察力

管理者每天向艰难的目标挑战，时刻忙于检查和控制工作，忙于判断客观情况和工作是否出现了意外，因此需要锻炼自己洞察事物发展动态的能力，练成一双善于辨明重点目标的眼睛。

4. 培养独创性

（1）管理者日常面临的问题很多，能否以最快的速度从这许多问题中找出最重要的问题，并想出对策，要取决于管理者在业务上的独创性。一个卓越的管理者应该能够做到这一点。

（2）为了练成这样的实力，管理者必须不断接受艰难计划的挑战，用大部分时间努力开创工作高业绩，展示自己的拼搏精神。

总之，管理者的精力是有限的，在目标执行过程中应善于把握重点，将有限的精力和时间用在最重要、最需要解决的问题上，这样才可以提高目标执行的有效性。

关键点提示

抓重点目标从以下几方面着手：

1.合理授权；2.创造例外管理局面；3.增强洞察力；4.培养独创性。

3.6 如何提高目标执行的有效性

工作场景描述

当要掌握目标执行技巧，提高目标执行的有效性时，可查看。

解读与分析

目标管理虽然不是一项很难的管理工作，但在目标执行的实际过程中还是会存在不少问题，如果管理者能准确认识这些问题，采取措施避免问题的发生，对目标的实现会有很大的帮助。管理者可以采取以下措施提高目标执行的有效性。

1. 明确职责

（1）每个执行人员须记住企业的总目标、自己的个人目标与工作进度表。这是有效运用自己的权限进行自我控制，努力达成目标的基础。

（2）对于未列入目标中的工作，执行人员也应用心去做，而不应只限于执行自己的目标，这样才能有效完成部门的全部工作。

（3）除日常管理工作外，各上级主管还须定期与下属接触，综合调整目标的达成状况，使整个部门的业务平衡发展。

（4）如果发生了需要报告上级的特殊情况，执行人员应尽量以最快的方式提出报告，使上级能尽快掌握目标执行过程中的特殊变化，便于及时做出反应。

2. 上级给予下属支持和指导

在目标执行过程中，员工心中会存有达成目标的愿望，因此他们要求拥有所需的工作资源及工作自主权。任何一位员工都不希望上级多加干预或不断检查，但是上级也不应该不闻不问，不应在目标执行期间不进行任何形式的考查。

事实上，上级应掌握目标执行的种种情况，如员工执行目标的情形，进度如何，有没有什么困难，需要何种协助等。上级应采取书面报告或会谈方式，定期或不定期审查目标的执行情形。同时，还应给予下属必要的协助和辅导，帮助其达成目标。

3. 高层管理者亲自参与

企业高层管理者必须亲自参与目标的执行，并对目标管理给予承诺；必须将本人对目标管理的兴趣及承诺告知全体员工。

4. 加强对员工的教育和培训

企业应加强对员工进行有关目标管理的教育和培训，并使全体员工都能了解目标管理的精髓。教育和培训要经常化，务必加强员工对目标管理的了解与认识，使其认识到目标管理的重要性。

5. 及时调整目标

在目标执行过程中可能会出现外界环境发生变化，需要调整目标的情况，这时企业应根据具体情况，及时做出调整。

（1）环境变化。包括企业外部环境变化和企业内部环境变化。其中外部环境的变化包括客户订单、物价、经济等情况的变化。

（2）明确注意事项。

①目标之间是相互依存、相互影响的，假如某一部门改变了目标，势必会影响其他部门的目标，一个人的目标变更将使很多人要随之改变目标。草率地改变目标会破坏企业的目标体系，因此企业要告知部门和员工不要轻易改变自己的目标。

②假如目标变更频繁，则目标本身就失去了意义，而且在以后设定目标时，执行人员必然会抱着敷衍了事、漠不关心的态度，如此一来，将使所设定的目标变得毫无价值，因此要保持目标的稳定性，不要频繁更改目标。

6. 加强上下级之间的协商与沟通

协商是有效推行目标管理的关键，在上下级对目标执行情况进行协商之际，应该由员工先发表意见，这样既可使员工的努力获得承认，又可增强他们的参与感。协商也是改善上下级之间沟通的关键，就所要达成的目标加以详细讨论，可确保上级及下属双方对如何达成目标获得一致的意见。

7. 建立目标执行记录的统一格式

（1）为减轻行政工作负担，目标执行的记录应用企业统一设计的表格填写，而每个月（每周期）的目标执行记录，也需要使用标准文书表格。

（2）为了适应各种不同情况，要对目标执行状况加以督导。例如可设计一种目标控制图，以便连续记录目标执行的状况，这样能非常方便地看出某一目标的执行情况，以便对目标执行进行有效的控制。

也可以采用备查卷宗，将目标执行记录按时间顺序放置其内。当目标执行期限届满时，对目标的执行情况逐一进行查核，这样就可以为管理者作出决策及采取改进措施提供所需的资料。

8. 编制目标执行报告书

虽然各部门对目标执行情况有定期的评估，但在目标执行期间内，上级仍应与执行目标的下属保持联系，了解目标执行近况，并往上呈报目标进展程度。管理者必须依据各部门反馈的目标执行报告控制及衡量各个部门的目标执行状况。该报告是目标管理制度的重点，可依据目标的性质编制出目标执行报告书，提供给上级，使其在预计目标执行期限期间结束时，能够了解目标执行的实际成果。

总之，目标执行是目标管理的重要内容，是把设定的目标变为现实的过程，这个过程涉及人、财、物的流动，因此企业应在目标执行过程中，要使用各种技巧，改善目标执行中的不合理操作，提高目标执行的有效性。

关键点提示

提高目标执行的有效性可从以下几方面着手：

1.明确职责；2.上级主管给予下属支持和指导；3.高层管理者亲自参与；4.加强对员工的教育和培训；5.及时调整目标；6.加强上下级之间的协商与沟通；7.建立目标执行记录的统一格式；8.编制目标执行报告书。

3.7　如何控制目标执行过程

工作场景描述

当要对目标执行的全过程进行控制，确保目标执行效果时，可查看。

解读与分析

目标执行过程涉及许多环节，每个环节出了问题都会直接影响目标的执行效果，因此企业应对目标执行的全过程进行控制。在控制目标执行过程时，企业应做好以下工作。

1. 计划控制

计划控制是各种控制的依据。在目标实施之前制订计划，有利于决策目标的进一步展开和落实。制订一个好的计划，可以使员工在目标执行过程中，明确方向，有序执行，协调工作。

（1）确定计划控制类型。

①开放计划控制。在这种方式下，施控系统将可控输入信息转化为计划指令，作用于受控系统，而受控系统的输出结果不再被返回输入端。开放计划控制适用于干扰因素影响较小，或系统本身抗干扰能力强，或有较多的历史经验可供借鉴的控制活动。

②回路计划控制。回路计划控制又称反馈计划控制，它与开放计划控制的不同之处是增加了反馈环节。通过反馈环节，把受控系统的目标执行状态或执行结果返回给施控系统。这样，整个控制过程形成了一个双向环形的闭合回路，使受控系统可以根据自身的目标执行结果调整未来的行动方案。

（2）确定计划控制程序。

①在总目标确定的前提下，进一步拟订反映总目标执行状况的各项具体指标。

②预测在实现总目标的过程中，可能会存在哪些影响因素，其中包括内部因素和外部因素，有利因素和不利因素等。

③根据现有条件和未来可能受到的影响，制订出实现总目标的具体措施和步骤。

2. 管理控制

管理控制的一般过程如下。

（1）确定控制标准。计划是控制的依据，但计划一般具有内容详尽、环节复杂的特点，因此需要建立起一套科学的控制标准。把这些标准作为衡量工作成果的尺度，是在一个完整的计划中选出用于计量工作成果标准的关键。

（2）衡量目标绩效。即依据标准衡量目标执行的情况，把实际绩效与标准进行比较，对所完成的工作出客观评价。管理者应该在目标执行偏差尚未出现时就能有所觉察，并采取措施加以避免。富有经验的管理者一般可以做到这一点。

（3）纠正目标执行偏差。控制过程中的第三个步骤是在衡量工作绩效的基础上，针对被控对象的状态相对于目标执行标准的偏离程度，及时采取措施予以纠正，从而使其恢复到正常的目标状态上来。

企业进行管理控制要注意及时性，同时要把注意力集中到突出的问题上，这样才可以在有限的时间内取得最好的效果。

3. 追踪控制

追踪控制的基本过程如下。

（1）施控系统向受控系统发出目标、任务或计划，经过上下级协商，将上级的指令转化为下级的目标，并输入受控系统。

（2）受控系统根据输入的目标，自行决定达成目标的行动方案。由于有干扰的作用，运行过程中目标有可能会偏离计划，因而需要进行反馈调节。

（3）受控系统通过反馈调节，比较运行过程中的目标状态与输入的目标状态，发现偏差时，自行调整行动方案，使其恢复正常。

（4）在目标执行计划期内受控系统运行完毕后，将最终的目标执行结果再反馈到施控系统。

总之，目标执行过程是一个复杂的过程，执行过程中可能存在各种不稳定的因素，企业应采取各种措施对目标执行过程进行控制，以提高目标执行结果的有效性。

关键点提示

目标执行过程的控制包括以下几点：

1.计划控制；2.管理控制；3.追踪控制。

3.8　如何实施目标执行过程检查

工作场景描述

当要实施目标执行过程的检查，了解目标执行情况时，可查看。

解读与分析

在目标执行过程中进行检查，是为了获取管理组织系统的运行信息，掌握目标执行状态，以便及时采取有效的对策措施纠正目标偏差，保证目标得到实现。管理者在实施目标检查时要做好以下工作。

1. 确定目标执行过程的检查内容

在目标的执行过程中应重点检查以下内容。

（1）目标实施进度。要检查各项目标是否都按规定进度实施，有没有拖慢进度的现象，把这些问题搞清楚并采取措施，使目标按进度实施。

（2）目标实施质量。检查产品质量、工作质量、服务质量等是否符合目标要求。

（3）目标实施的均衡情况。检查各项目标的实施是否均衡，有没有进度相差悬殊、某些目标被重视而某些目标被忽视的现象。

（4）目标实施中的协作情况。如果执行工作关联到几个人或几个部门的目标项目，要通过部门之间或个人之间的协作配合，才能有效地实现，那么还要检查协作情况。

（5）目标对策的落实情况。检查目标是否按对策的要求，做到人员、时间、项目三落实，以及每项对策的针对性、有效性如何，判断是否需要改进。

2. 选择目标过程检查方法

目标执行过程中的检查方法很多，不同的部门、不同的工作目标，要根据它们各自的特点采取不同的检查方法。管理者可从以下的检查方法中进行选择。

（1）全面检查和抽样检查。

①全面检查是检查各个目标责任者实施目标的情况，以此来掌握执行层面的情况。由于这种检查需要的人力多、耗费的时间长，因而检查的次数不宜过多。

②抽样检查则是选择某些部门或个人进行检查，这是一种以点带面的方法，在进行抽样检验时要注意选择具有代表性的对象。

（2）自检、互检和逐级检查。

①自检是指目标责任者根据自己承担目标的要求进行自我检查、自我分析，自己发现存在的问题。

②互检是目标责任者的同级之间进行互相检查，这种检查既可以互相发现问题，又可以互相交流、学习，达到互相促进的目的。

③逐级检查则是目标责任者的直接上级，对各个目标责任者执行目标的情况进行的检查。

（3）定期检查与不定期检查。

①定期检查的期限，要根据目标的内容和实施进度的安排确定。如企业的生产经营目标等目标值可量化的指标，通常可每月检查一次：按月份下达目标，月初明确目标，月末检查完成情况，逐月检查。

②对于目标值不能量化的目标或目标期较长的目标，检查期可以长一些，每季度或半年检查一次都可以。

在实施目标执行过程的检查时，通常采用归口检查的方式。归口检查是在目标实施过程中，各职能部门按照自己的业务范围，对各基层单位的目标实施情况所进行的检查。归口检查通常是由企业有关职能部门人员实施，或由职能部门根据自己的工作计划，派出人员进行检查。

归口检查前，要明确划分各职能部门应负责检查的目标项目，分清检查责任。这样做既可防止漏检或几个部门重复检查同一项目，又可防止职能部门之间在检查中扯皮、推诿，保证每个目标项目都在检查的范围之内。

归口检查有利于督促目标责任者对自己承担的各项目标进行统筹兼顾，使各项目标均衡实施；有利于管理者准确掌握目标实施情况，有针对性地提出改进意见；有利于管理者对执行相同目标的不同目标责任者实施目标的情况进行横向比较，便于鼓励先进、鞭策后进。

关键点提示

1. 目标实施过程的检查内容包括：

（1）检查目标实施的进度；（2）检查目标实施的质量；（3）检查目标实施的均衡情况；（4）检查目标实施的协作情况；（5）检查目标对策的落实情况。

2. 目标实施过程检查的方法主要有：

（1）全面检查和抽样检查；（2）自检、互检和逐级检查；（3）定期检查与不定期检查。

3.9　如何估算项目工期

工作场景描述

当想对项目工期作出合理的估算时，可查看。

解读与分析

工期是指一项工程完工的时间限制。项目工期估算就是估计项目活动经历的所有时间，这不仅包括实际的工作时间，还包括有关的自然力作用的时间。项目经理要在项目规划阶段估算项目的工期，从而从整体上把握项目的进程，并在项目实施过程中不断进行微调。

要估算项目的工期，需要从以下几方面入手。

1. 让工作任务负责人或负责小组来估计

项目经理在界定项目活动时，并不是把每一项具体的活动界定给每一位项目团队成员。个人活动的界定，更多的是由工作任务的负责人或责任小组来完成。这一原则和思想也同样适用于项目活动所需时间的估算。

实践证明，让某项工作任务的负责人或责任小组来估计该项工作任务所包括的具体活动时间是一种较好的工作方法。这样既可以得到负责人对该项工作的承诺，又可以避免因项目经理一个人估算所有项目活动所需时间所产生的偏差。当然这种方法也有其致命的弱点：通常项目团队成员在自我估算项目活动所需时间时，都有保守的倾向，项目活动所需时间的估算会出现一定程度的偏差。

项目活动总时间的估算需要分别估算项目中每一活动的工作时间，但绝不是所有项目活动所需时间的简单相加。

2. 考虑资源供应的情况

在进行项目所经历的活动时间估算时，有经验的项目经理或项目团队成员总是会考虑资源供应的情况，即使一位项目成员的工作效率很高，如果资源的供应经常处于短缺状态，也会陷入“巧妇难为无米之炊”的境地。因此，在估计每项活动所需的时间时，就需要假定完成这项活动所需的时间，其可能会处于工作顺利进行所需的时间和工作将遇到重大阻碍所需的时间之间。对时间的估算既不能太乐观，也不应太悲观。有时，人的工作努力程度决定于工作的目标，如果把一项需要10天完成的工作定为8天，也有可能真的完成了，反过来把5天的工作定为10天来做，时间也许刚好够用。

3. 充分考虑人的主观能动性

估算项目活动时间时应考虑人的主观能动性这一重要因素。在中外项目的建设史上，可以找出许多工程量大、竣工早的经典案例，这是项目团队全体成员共同努力的结果，体现出了项目经理的管理艺术。

4. 考虑意外事件

在项目的进行中，总会遇到一些意想不到的突发事件。项目的生命周期越长，出现突发事件的概率就越大，因此对意外事件的处理所花费的时间不得不考虑在项目工期之内。能否按期完工是衡量项目是否成功的重要因素。

5. 考虑团队成员的工作能力和效率

项目工期的估算应该考虑项目团队成员的工作能力和工作效率，由于团队成员的工作能力不一，工作效率也存在差异，所以完成项目的实际时间也会有所不同。

在项目的实施过程中，还会出现很多影响项目进度的因素，只有学会控制这些因素，适应变化的项目环境，才会成为一名出色的项目经理。

关键点提示

估计项目工期应注意以下几个方面：

1.让工作任务负责人或负责小组来估计；2.考虑资源供应的情况；3.充分考虑人的主观能动性；4.考虑意外事件；5.考虑团队成员的工作能力和效率。

3.10　如何掌握项目工期估算方法

工作场景描述

当想掌握项目工期估算方法时，可查看。

解读与分析

项目工期估算不是凭空进行的，需要根据项目的特点综合运用时间估算方法，借助经验和专家咨询，估算出合理的项目完成时间。要对项目的进度做出合理的安排需要准确估计项目完成所需要的时间，而准确估算项目工期需要掌握时间估算的方法。下面介绍一些具体的时间估算方法。

1. 利用以往经验

对于一个有经验的项目经理来说，可以将当前需要估算的活动和以往所参加过的某些活动进行比较，借助以往的经验得出具有现实根据的估计。当然经历过完全相同的活动在现实中比较少见，往往还需要附加一些推测，它提供了一种可以接受的估算。

2. 根据历史数据

可以借助杂志、报纸、学术刊物和各种非正式印刷品中存在的大量相关行业信息进行时间估算。当然，这些信息只能作为一种估算的基础。另外，某些成熟的企业一般有以往所完成的项目资料，从中也可以获得真实有效的信息。

3. 借助专家意见

当项目涉及新技术的采用或者某种全新的业务时，项目经理往往不具备做出较好估算所需要的专业技能和知识，这时就需要借助相应的专家给出意见和判断，最好能得到多个专家的意见。

4. 德尔菲法

在难以获得专家意见时，德尔菲法是一种有效的替代估算方法。这是集中利用群体的知识来获得时间估算的一种方法。一般选定一些与估算领域相关的专家，人数视活动大小而定，主要方式是函询，不要让专家彼此间发生联系，直接由主持人主持。

德尔菲法的操作过程如下。

第一轮：首先对项目和要估算的活动进行简要介绍，而后让专家中的每个人给出他所能得到的最好估算，以列表和直方图形式反馈给专家。

第二轮：在第一轮的基础上，给出的估算与平均值相差大的人各自阐述自己的理由，然后每个人进行下一次估算，得到新的结果。

第三轮：再次让人们讨论后进行新的估算。

在第三轮结果的基础上进行最后的调整，而得到的平均值就是德尔菲法估算得到的结果。当然如果不满意的话，还可以继续下去。一般来说，通过这种估算和反馈过程，人们的估算会越来越接近，意见逐渐趋于统一，也就能得到更为准确的结果。

5. 三点法

由于项目活动所需时间是一个随机变量，在某种活动重复进行时，项目实际完成时间一般会表现为一种随机分布的形式。这种随机分布可能集中在一个特定值的周围，也可能比较分散。针对这种情况，三点法被提出来。其基本思路是，确定项目活动完成的三种可能时间，一种是乐观时间，即假设项目活动所涉及的所有事件均对完成该活动最为有利，比如说合适的天气、没有任何故障、人员能全力工作等等，这给出了该项目活动最快能够完成的时间，记为O；另一种是悲观时间，即假设现实中总是遇到不利因素，使得项目活动的完成被延误与耽搁，这给出了该项目活动在最糟的情况下完成所需要的时间，记为P；最后一种是正常时间，即一般情况下完成项目活动所需要的时间，这是项目活动时间随机分布的均值，记为M；在得到这三种估算后，通过以下公式来得到估算的项目工期结果E。

$$E=(O+4M+P)/6$$

6. 宽带德尔菲技术

三点法与德尔菲法相结合可以得到另一种方法，被称为宽带德尔菲技术。其主要思路是德尔菲法中参与估算的专家组需要估算三种时间：乐观时间、悲观时间和正常时间。在最后一轮结束后，对结果进行调整，去掉其中的极端估算，得到三种估算的均值作为以上所述的O、M和P，然后得出最终的估算结果。

对项目活动所需要的时间进行精确估算是不容易的。对于比较熟悉的业务可获得相对比较准确的估算，而在缺乏经验的时候估算则带有相当大的不确定性，因此要合理运用时间估算方法，避免估算结果出现较大偏差。

关键点提示

估算项目工期的方法有以下几点：

1.利用以往经验；2.根据历史数据；3.借助专家意见；4.德尔菲法；5.三点法；6.宽带德尔菲技术。

3.11 如何把握衡量项目进度的时间指标

工作场景描述

当想较好地把握衡量项目进度的时间指标时，可查看。

解读与分析

在制订项目进度计划之前，作为一名项目经理，应该掌握与项目进度相关的时间指标。时间指标看似简单，却在衡量和控制项目进度上有着重要的意义。它包括以下几个方面。

1. 计算项目预计开始时间和结束时间

承约商和客户在签订项目合同时，一般都要规定项目预计的开始时间和结束时间。这两个时间实际上规定了必须完成项目的时间周期，也就是规定了完成项目的时间限制。

这个时间周期与项目生命周期的时间周期是不同的。完成项目的时间周期通常指的是项目的实际建设期或项目执行期，或者是承约商签约后到项目竣工的这段时间周期。而项目生命周期的第一阶段早在此之前就已开始，可以追溯到客户产生需求之时。因此，项目生命周期要长于完成项目的时间周期。

项目要求完工的时间是项目三个基本目标之一，这对客户很重要，直接关系着客户的经济效益或获得满足的程度。一般情况下，都要在项目合同中明确注明项目要求完工的时间。

2. 计算项目活动最早开始时间和最早结束时间

最早开始时间是指某项活动能够开始的最早时间。最早结束时间是某项活动能够完成的最早时间，它是在最早开始时间的基础上加上这项活动的估算时间得出来的，即:

最早结束时间=最早开始时间+活动的估算时间

在整个项目的活动中，一个活动的最早开始时间可能依赖于其他活动的结束时间，这是由项目活动的时间顺序决定的。如果前一项活动任务没有完成，后一项活动显然无法开始。因此，某项活动的最早开始时间取决于前一项活动的最早结束时间，它必须晚于或等于前一项活动的最早结束时间。为了保证项目能如期完成，必须规定每项活动最迟不得晚于某一时间结束。

3. 计算项目活动最迟开始时间和最迟结束时间

最迟开始时间是指为了使项目在要求完工时间内完成，某项活动必须开始的最迟时间；最迟结束时间是指为了使项目在要求完工的时间内完成，某项活动必须完成的最迟时间。最迟开始时间，可以用该项活动的最迟结束时间减去它活动的估算时间得出来，即：

最迟开始时间=最迟结束时间-活动的估算时间

由于项目活动的关联性，一个活动的开始时间、结束时间决定着下一个活动的开始时间、结束时间，而该活动的时间又是由上一个活动的时间决定的。例如，在生产矿泉水的活动中，罐装活动（活动二）的最早开始时间最早只能与生产矿泉水瓶活动（活动一）同时发生；反之，活动一的最迟结束时间也不得晚于活动二的最早开始时间。

4. 掌握时差

如果最迟开始时间与最早开始时间不同，那么该活动的开始时间就可以浮动，称为该活动的时差；同理，如果最迟结束时间与最早结束时间不同，那么该活动的结束时间也可以浮动，同样称为该活动的时差。对同一活动来说，用下面两个公式计算出的时差是相等的：

时差=最迟开始时间-最早开始时间

或：时差=最迟结束时间-最早结束时间

掌握与项目进度相关的时间指标后，可以运用它来估算完成项目的总时间以及项目实施的进度，但在具体应用中不要仅仅拘泥于数字，要对具体情况进行具体分析。

关键点提示

把握衡量项目进度的时间指标需要做到以下几点：

1.计算项目预计开始时间和结束时间；2.计算项目活动最早开始时间和最早结束时间；3.计算项目活动最迟开始时间和最迟结束时间；4.掌握时差。

3.12 如何制订项目进度计划

工作场景描述

当想要制订项目进度计划时，可查看。

解读与分析

项目进度计划是项目计划的重要组成部分，资源计划、物资计划及费用计划的编制都是以进度计划为基础的，因此项目进度计划是项目计划编制中的一项重要工作，也是项目计划的主要内容。它包括以下四个步骤。

1. 给任务定义

任务定义就是对工作分解结构中的工作包进行描述并确定为必须进行的具体任务。一般任务的工期最好应少于2周。

2. 任务排序

编制项目进度计划的第二步就是确定各任务之间的逻辑依赖关系，即进行工作排序。众所周知，任何任务的进行都需要满足一定的前提条件，而这种前提往往就是一个或几个其他任务的完成，因此在任务之间存在着一种逻辑依赖关系。这种逻辑依赖关系的具体表现就是任务的进行必须遵循特定的先后顺序。

（1）任务之间的逻辑关系。假设有任务A和任务B，那么任务之间的逻辑关系可以分为四种。下表详细列出了这四种逻辑关系。

表3-1　任务A与任务B的逻辑关系表

[illegible]系	说明
[illegible]	任务B必须在任务A完成之后才能开始
[illegible]	任务B必须在任务A开始之后才能开始
完[illegible]	任务B必须在任务A完成之后才能完成
开始[illegible]	任务B必须在任务A开始之后才能完成

（2）确定任务[illegible]系时需考虑的因素。在确定任务间逻辑关系时，以下这些因素是经常需要考虑[illegible]

①项目活动内在[illegible]

②施工工序的要求[illegible]

③场地限制；

④资源、物资的限制[illegible]

⑤项目实施作业方式[illegible]作业、平行作业、流水作业）。

根据经验，任务间的[illegible]系可能达到90%～95%的比例。

在项目管理软件中，任[illegible]实现是通过设置任务的前置任务来完成的。

3. 估算任务工期

估算任务工期就是对每一工作任务做出一个工期估算，并给出一个大致开始时间和结束的时间。

（1）简单任务工期估算。当任务比较简单，其工作量及单位时间投入的资源量比较明确，项目活动进行中干扰因素较少时，可以通过以下公式计算出相对准确的任务工期。

$$任务工期=\frac{任务所需总工作量}{每日可以完成的工作量}$$

（2）复杂任务工期估算。当任务干扰因素较多，完成任务所需总工作量和投入的资源量很难精准确定时，则无法使用以上方法。由于各种因素的影响和客观条件的变化，使得任务的工期是随机变化的，因此在这种情况下，项目经理可以利用概率分析的方法来估算工期。

一般来说，对于那些在工期估算中存在高度不确定性因素的任务，可以给每项任务估算三个时间：

①最乐观时间（O），在一切内外部条件处于最佳状态时，完成任务所需的时间；

②最可能时间（M），在正常情况下完成任务所需的时间；

③最悲观时间（P），在遇到最不利的内外部条件时，完成任务所需的时间。

可以通过如下公式来计算任务的工期：

$$任务工期=（O+4\times M+P）/6$$

4. 利用计划编制工具编制进度计划

根据任务的先后顺序和工期估算，统筹考虑资源、物资要求，利用适当的图表工具和技术编制项目进度计划。

步骤1：创建初步网络。第一步的关键是用头脑风暴法尽量改进网络，目的是使后面步骤得到优化。

该步骤要求团队检查计划编制会议上确定输入输出之间关系时所规定的任务。创建网络时必须弄清楚两个问题。

①哪些任务的输入信息取决于其他任务的输出信息？

②不依赖于现行任务的其他任务，能否与现行任务同时开始？

步骤2：根据已损失的时间调整工作日的评估结果。将项目风险评估会议制订的新的工作评估结果，录入到网络上。必须调整经过评估后的工作时间，以适应非项目性活动。大多数进度计划编制工具都为编排对象制订了日程表。日程表的默认设置都是每天8小时工作日。但是个别企业关于生产时间的规定是每天5小时，因此，这些企业需要将日程表修改为5小时。

步骤3：制订初步进度计划。将调整后的评估结果输入任务工具软件中，就会看到一个初步进度计划。这一步骤提供的初步进度计划非常简单，它假设只有一个人在执行项目。

向任务中添加人手时必须分外小心，因为进度计划编制工具的缺陷是它为每个人增加的工作量都相等。也就是说，进度计划编制工具会将一个人2天的任务量自动编制成两个人1天的工作量。为了使相关数据符合实际，要调整软件中的个人日程表的选项。

步骤4：编制实际资源的使用计划。这一步骤是为进度计划中规定的任务实际分配人员。这个过程可能非常复杂，因为它要求必须计算并审查每个人的技术水平、成本、沟通时间及特定的非项目性活动（作为与企业规范的区别）等因素。比如，成员A是项目的主要分析员，但他同时也参与产品支持和监督某些新程序员的工作。结果，成员A每天花在该项目上的时间只有2小时，不是预期的5小时。另外，向活动中增加人员（如做审查工作）会增加总工作量和成本，而不是缩短任务工期。

由于计算过程和各种组合工作可能很复杂，因此最后两个步骤需要来自实际人员的输入信息。

步骤5：根据要求调整进度计划。最后一个步骤是优化进度计划，以提高项目成员的利用率，并且尽量缩短任务工期。

项目进度计划是保证项目正常进行的指导性文件。项目经理应该掌握编制项目计划的方法和步骤，从而保证项目的顺利实施。

关键点提示

制订项目进度计划包括以下步骤：

1.给任务定义；2.给任务排序；3.估算任务工期；4.利用计划编制工具编制进度计划。

3.13　如何制订项目进度标准

工作场景描述

当想为项目进度计划制订可参照执行的标准时，可查看。

解读与分析

进度标准是在项目进度的维持和发展方面应遵循的规则。无规矩不能成方圆，任何计划都需要有一个可参照执行的标准，项目进度计划也是如此。那么，制订项目进度计划需要遵循哪些标准呢？

1. 关于项目概述的说明标准

（1）项目概述要简单。每份项目进度表的开始都应有一行单列出来的专门对项目进行的概述。这是关于项目各阶段的时间段、任务、活动、标志性事件发生的时间以及任务概述的基础。有了这一个单独的概述行，就可以把整个项目压缩成一句话，这句话就是包含开始和结束日期的对项目所进行的简短概述。

（2）阶段概述。项目的主要分支是各个阶段。这一阶段的内容要稍微详细一些，并要做一些说明。在项目行之下，交错出现的内容有各种相关的概念、定义、进展、介绍以及展开阶段。进度表作为初级契约，应包括所有这些阶段。

2. 关于项目任务的说明标准

（1）定义项目任务并分解。项目任务主要有两种：努力驱使型任务和固定期间型任务。努力驱使型任务随所应用的劳动力数量的变化而变化，但固定期间型任务则不随劳动力人员的变动而变动。

（2）项目任务要相互依存。除了项目的第一个和最后一个任务之外，每个任务在其开始和结束时都应与其他任务相互依存。

（3）处理关联任务的逻辑关系。项目任务之间的逻辑或关系有以下几种，对它们应该用不同方式进行处理。

①在所有项目任务之间建立详细的联系。这是指在最低层次上建立联系，如果缺少总体层次上的联系，那么项目在运行中会缺少对细节的把握。

②联系项目任务时要利用它们之间“结束—开始”关系，只有在必须时，才用“开始—开始”和“结束—结束”关系。永远不要用“开始—结束”关系。

③不要把项目任务完成的“负滞后”用在关联关系中，所谓“负滞后”是指前一个任务被提前完成，后一个任务的原定开始时间被打乱。应该在某一未知日期的基础上，给出新任务的开始日期。

④必要时使用“正滞后”以暗示两个或多个任务之间的延误。所谓“正滞后”指前一个项目被延后完成，后一个任务的原定开始时间被推后。

（4）项目任务终止。一旦项目任务终止，即项目任务被100%地完成，就不会再为额外的工作重新开始执行任务。任何需要检查验收的任务直到检查完成通过后才算真正完成，这就在更大的程度上鼓励做终止报告的人确保任务真正完成且通过验收。如果有新发现的工作，那么应该放在新的任务中，不应该和原任务混为一谈。

3. 关于项目进度报告的标准

进度报告应当加在进度表之后，长度一般是进度表的10%。除非可以确定项目在按进度进行，否则应当避免利用一些计算机程序中的自动更新状态的变化功能。大多数时候，进度与标有“现在”的文字行并不完全吻合。

4. 关于进度表的标准

进度表应该越简洁越好要适时更新，不要把进度表存为基准格式。

（1）进度表要遵循简单化原则。进度表应该越简洁越好。复杂的叙述不仅难于理解，而且进度软件在进行进度推算时也难以很好地应付复杂的关系。

（2）利用甘特图显示进展。用全景模式打印出来，让甘特图单独在一页上。如果在全景模式下甘特图表超过一页，就要看看还有没有更好的信息表达方式。有两种方法可供使用：只查看概述部分或只查看当前工作期。

（3）进度基准。在项目管理者检查进行之前，不要把进度表存为基准格式。

（4）标志性事件或里程碑事件的发生时间。用里程碑来表示有重大意义的事件或进度表中的关键点，如对阶段成果的批准，包括报告、规格、设计等。在这里举的例子是过渡性的重大事件，其他重大事件可能被用于管控。通常，这些重大事件要求项目管理者报告取得的成就、跳跃性的进展，或者是潜在的跳跃性进展。高层管理者或许会将重大事件的发生时间“固定下来”，仅仅允许项目的运作在重大事件发生期间的时间框架下有所变化。

（5）更新进度表。每周都应为客户更新进度表，更新的信息应在每周的某一天或某一时间提交给客户。项目经理一定要对更新的进度表进行检查，以确保更新的部分已经经过了深思熟虑。

（6）自动与手动计算。一般来说，当制订大型进度表时，手动计算要快一些，因为这样不必逐笔进行计算。但在进度展开以后，要善用自动计算功能。

（7）项目与项目的界面作用。项目的界面是指处在项目边缘的，对项目的进度可能会（也可能不会）产生影响的因素。有两种类型的项目界面需要进行识别并被包含在进度表中，它们是：对其他产品的依存（对组织来说，这是内部的）；对外部资源的依存（例如供货方的产品以及所需安装设备的可获得性）。通常认为在项目内部工作的分包商和卖主不在界面领域内。这些人受合同的制约，而且他们的产品或服务包含在进度表中，与员工的相同。

所有制订项目计划的活动都需要有一个可参照执行的标准，只有制订项目进度计划的可参照执行的标准，才能保证项目在执行过程中保持一致的进展。

关键点提示

制订项目进度计划可参照执行的标准包括以下内容：

1.项目概述要简单；2.阶段概述；3.定义项目任务并分解；4.项目任务要相互依存；5.处理关联任务的逻辑关系；6.进度表要遵循简单化原则；7.利用甘特图显示项目进度。

3.14 如何编制项目进度报告

工作场景描述

当想编制项目进度报告时，可查看。

解读与分析

要想了解项目的进展情况，光凭项目进度计划还不够。项目进度计划是项目开始阶段就有的，主要用于指导项目的进展，而项目进度报告是对项目在实施阶段的进展情况作出的如实的文字描述，它反映了项目的实际进展情况，能为有效控制项目进度提供决策依据。项目进度报告一般需要包含以下内容。

1. 管理概要

管理概要的作用是向项目负责者提供项目进展状况的概要报告。

（1）使用对象。管理概要一般用来向项目决策组、项目发起人和其他项目关系人进行报告。

（2）注意事项。概要报告只包括项目经理想要呈现的特定信息行（摘要、细节和里程碑）。报告应尽可能简短，集中在项目的生命周期阶段、主要工作包和里程碑上。

2. 进度说明

进度说明，是通过对照已达成的项目进度计划和现在的项目进度情况做出的比较性说明。它要求对项目进度的加快和减慢做出详细的说明并找出原因。

3. 延迟报告

（1）使用延迟报告的目的。延迟报告将注意力集中于那些可能延误的活动，项目经理有可能采取必要的措施来使项目按照原进度计划进行。使用这个报告有利于将注意力集中在如何把事情做正确上。

（2）何时使用延迟报告。这个报告对预期可能发生延误的活动很有帮助，可以把注意力集中在如何对此进行补救上。如果项目经理使用的是关键路径链进度管理方法，这个报告可以由缓冲报告代替。

4. 里程碑报告

里程碑报告能对照项目关键目标显示出项目进展情况。这些事项是应该在项目文件中特别说明的。里程碑报告是体现项目实施过程和关键里程碑时间进度预期（如产品交付日期或与其他项目的接口日期）的一种优秀的方式。它以表格形式列出里程碑的描述、计划完成日期、目前预期完成日期和实际完成日期。最后一栏表明该里程碑同原计划的偏差（延误了多少）。里程碑报告如表3–2所示。

表 3-2 里程碑报告

	计划完成日期	目前预期完成日期	实际完成日期	偏差
里程碑1				
里程碑2				
里程碑3				

5. 可交付成果报告

（1）可交付成果报告的目的。交付报告的目的是列出从项目一开始的所有关键可交付成果，并表明谁是准备、审查和最后签收这些交付成果的责任人。这些是应该在项目文件中特别提到的。

（2）何时使用。这个格式适用于项目经理想要集中可交付成果，并想要明确谁是每个可交付成果质量方面的负责人时。

除非项目经理知道了谁是审查和签收一个可交付成果的负责人，否则项目经理无法确定这个产品是否真正符合设计目的。

项目进度报告是对项目的进展情况做出的汇报，它有利于高层管理者更有效地了解项目的进展情况，因此，编制项目进展报告是项目经理应该掌握的一门技能。

关键点提示

项目进度报告包含以下几点内容：

1.管理概要；2.进度说明；3.延迟报告；4.里程碑报告；5.可交付成果报告。

3.15 如何加快项目进度

工作场景描述

当想调整项目计划，加快项目进度时，可查看。

解读与分析

调整项目进度计划主要是通过改变相关任务之间的逻辑关系或改变任务的工作时间来实现的，但当关键路径确定后，加快进度就只能依靠缩短关键任务的完成时间来实现。为了保证项目能按期完工，项目经理可以使用被称为赶工、快速跟进等项目时间管理技术来缩短某项任务的进度。

1. 赶工

赶工是一种平衡成本与进度的技术，以达到用最低的成本增加进行最大限度的进度压缩。也就是说，增加关键路径上相关任务的“驱控资源”，从而缩短其任务的实际工期。“驱控资源”是指能直接影响工程进度，随着资源的增加可以缩短任务工期的资源，比如下面案例中的施工人员，或回填使用的大型挖掘机等。

例如，“回填”是项目关键路径上的一项任务，如果建筑企业需要10名施工人员，任务原始估计工期为2周，那么我们可以建议建筑企业再增加4位全职施工人员，以便使本来要14个工作日完成的工作在7个工作日内完成，当然，这种变更肯定会给企业增加一定的成本。项目经理通过将注意力集中于关键路径上那些可以用低成本或零成本更快完成的任务上，就可以在缩短项目进度的同时，保持低水平的成本增加。

绝大多数情况下，通过缩短活动的工期来加快项目进度时，需要进行成本增加或范围缩小等事项的权衡。如果项目落后于进度很多，为了使项目按进度进行，需要大幅度提高项目成本、缩小工作范围、降低质量标准，这可能影响整个项目目标中的关键因素，包括范围、预算、进度和质量。某些情况下，客户和承约商或项目团队可能会考虑到若加快进度就要增加成本，于是不得不要求延长整个项目的完工时间。

赶工的最大益处是缩短了完成项目所花费的时间，但同时造成的负面影响通常会增加项目的总成本。

2. 快速跟进

缩短项目进度的另一个技术是快速跟进。快速跟进涉及那些工序或许有轻微重叠的活动，它实际上是变相改变了任务之间的逻辑关系。例如，正常工序是挖沟全部完成后再开始浇混凝土的工序，按照快速跟进的原则，替代办法是可以在挖沟任务完成之前就开始浇混凝土的工序。

快速跟进的最大优点在于，它能缩短完成项目所需要的时间。快速跟进的最大缺点是，由于太早开始某些任务，常常增加项目风险并导致返工，从而可能拖延项目进度。

掌握了加快项目进度的手段和方法，项目经理就可以根据项目具体进度情况决定采用何种方式加快项目进度。但是一定要注意，不管使用哪种方式都要考虑到它们潜在的缺点，避免导致成本增加或影响项目目标的实现。

关键点提示

加快项目进度的方法有：

1.赶工；2.快速跟进。

3.16 如何进行合理的项目进度变更控制

工作场景描述

当想对项目的进度变更进行合理的控制时，可查看。

解读与分析

项目进度是项目控制过程中必须注意的问题。项目进度变更控制必须与质量、成本等的变更控制结合起来进行。

对于项目进度变更，项目经理应采取必要的项目进度管理措施与安排，这包括项目物资资源方面的管理安排、项目人力资源方面的管理安排、项目应急措施方面的管理安排等。这些措施应该被写进项目进度变更编制的重要信息件，以指导项目进度变更的管理与控制。对项目进度偏差进行控制，需要做好以下三方面的工作。

1. 判断进度偏差是否关键

要判断各项目活动出现的进度偏差是否需要采取行动加以纠正。例如，非关键活动即使进度延误很多，一般也不会对项目的整个进度造成较大的影响，而关键活动或接近关键路线的活动若出现较大的延误，则会影响整体进度，项目经理应马上采取行动进行纠正。

具体措施有：要求修改或重新进行时间估计，修改活动顺序或研究替代进度计划。

2. 调整和修改有关进度文件

进度变更出现后，项目经理应修改同项目进度管理有关的资料和文件，必要时，要将变更情况通知有关人员。修改项目活动的进度有时要求对项目整体进度计划进行调整。需要修改的一般是原来经过批准的项目活动的开始和结束日期。当进度延误会导致严重后果时，项目经理需要重新确定基准日期。对时间变更采取措施进行处理之后，项目经理应当将造成进度变更的原因，采取的措施以及采取该措施的理由，资源和预算需要随之进行的变更，从此次变更中吸取的教训等都记录在案，形成书面文件，存入本项目的资料文件库。

3. 进度变更必须与其他变更紧密结合

任何时候，如果项目经理认为需要采取纠正措施，就必须做出修订项目进度变更的决策，这些决策经常涉及项目成本、质量和范围的综合调整和平衡。例如，缩短项目活动的工期就可能需要增加资源，从而增大项目成本，或缩小项目的范围，或降低项目成果的质量要求。因此，进度变更控制必须要与整体、范围、费用和合同变更控制等控制过程紧密配合。

关于项目进度变更的控制，需要纠正以下两个认识误区。

误区一：“单一要素论”，认为进度是整个项目完工前最需要保障的。

误区二：“忽视支线论”，认为进度控制只需抓关键路线，支线不重要。

作为项目经理，当发现进度上可能会发生变更时，不能认为问题会在不采取措施的情况下自动消失，必须结合实际进度和其他可能发生的改变，定期更新项目进度计划，并制订出相应的进度管理控制措施，运用合适的进度控制方法，实现对项目进度的全面管理和控制。

关键点提示

进行项目进度变更控制要做好以下几项工作：

1.判断进度偏差是否关键；2.调整和修改有关进度文件；3.进度变更必须与其他变更紧密结合。

3.17 如何选择项目进度控制方法

工作场景描述

当想选择合适的方法对项目进度进行控制时，可查看。

解读与分析

要保证项目顺利进行，就要采用先进的技术方法，科学安排与控制项目进度。一般可供选择的项目进度控制的方法有以下几种。

1. 关键路线法

关键路线法是进行项目进度安排最常采用的方法之一。利用它可直观地表示出所有项目工作的顺序及相互之间的依赖关系，能够将各种分散而繁杂的数据加工处理成项目管理所需要的信息，便于管理人员进行时间以及人力、物力等其他资源的分析和配置。

（1）特点。

①便于资源分析和配置。

②是协调平衡的手段。关键路线图不仅可以告诉管理人员要在什么时间开展哪项工作，还可以告诉其每项工作所需的资源数量，从而成为管理人员制订进度计划时在工期和资源之间协调平衡的手段。

关键路线法需要花费较多的时间和资金，适用于少数带有创新性的、复杂的项目，易于控制的项目很少采用。

（2）使用原则。

①要确定合理的工作细分程度。项目经理利用关键路线法安排进度时，要确定合理的工作细分程度。工序分得太粗，可能会在执行中出现较大偏差；工序分得太细，则可能增加编制网络的难度和费用，并可能过于频繁地进行网络调整。此外，利用关键路线法安排的经常性调整仅靠人工是无法办到的，甚至用一些工序太多的网络用计算机处理也得不偿失。

②使用时需要对每个工作环节进行分析。项目经理利用关键路线法安排项目进度时，需要对每个工作环节都进行分析，因而其所需时间和费用也高。如果项目经理利用关键路线法安排项目进度时，标明每个工作环节所需的资源，则要花费更多的时间和资金。

2. 计划评审技术

计划评审技术也是进行项目进度控制的方法，这种技术在安排和表示进度的形式方面和关键路线法差不多，但基础资料收集的难度及处理这些资料的复杂程度要比关键路线法高得多。

计划评审技术的适用原则如下。

（1）计划评审技术主要用于不确定性因素多且复杂的项目。这类项目经常需要反复研究和反复认识，具体到某一工作环节时，因事先不能估计其需要的时间，而只能推测其完成时间的范围。但如果用关键路线法安排项目进度，每一工作环节都用肯定的估计时间，制订出的进度计划就没有实际价值了。利用计划评审技术，可以把每个工作环节的不确定性及对完成该工作环节的有利因素加进去，从而给出更有价值的信息。

（2）适用于少数带有创新性的、复杂的项目。计划评审技术是费时最多、费用最高的方法，它不仅需要各个专业和部门的专家对项目安排进行全面分析，还要进行各种复杂的计算。所以，这一方法的应用程度和应用范围都比较小，只适用于少数带有创新性的、复杂的项目。而在一些易于进行控制、有较多经验的项目中，很少采用这一方法。

3. 条线图及进度安排表

以网络分析提供的信息为资料绘制的条线图，项目经理可直观地表示每项工作的开始和结束、实际进度与计划进度的偏差，以及完成各工序所需的资源。条线图的优点是看起来直观方便，这对于程序简单、工序较少的一般项目非常适合。如果项目规模较大，为了避免条线图过长，可以将各个相对独立的工作环节分别绘制条线图。

如果把条线图与各工作环节的时间、实施部门和人员、工作量结合在一起，就可以编制项目进度安排表。它可作为项目经理安排项目工作和控制项目进度的有效工具，还可作为传递和交流信息的手段。项目进度安排表是根据项目周期、工作内容及实施的实际情况编制的项目进度控制计划。编制项目进度安排表的主要目的不是进行分析并获取控制信息，而是落实任务，为项目控制提供依据。

4. 里程碑系统

里程碑系统又称关键日期表，它是最简单的一种项目进度安排和控制工具。所谓里程碑系统，实际上就是根据项目的具体情况确定的重大而关键的工作序列。每一个里程碑代表一个关键事件，并标明其必须完成的时间界限。里程碑系统是最简单的方法，用其安排项目进度所需的时间和费用最少。

在其他工作中，里程碑系统也被消费者广泛应用。譬如，在家庭消费方面，计划什么时候买冰箱、什么时候买彩电、什么时候添置其他家具等，就是一种里程碑系统。虽然里程碑系统很简单，但在项目进度控制中却是向高层管理人员简要汇报项目状况的极好工具。

里程碑系统的最大特点在于，把各关键工作的完成时间截止在里程碑处，不允许任何相关工作超过其时间界限。也就是说，项目经理不管采取什么措施，都必须在里程碑所标的时间之前完成各项预定任务，否则就会影响整个项目的建设，甚至影响企业的经营战略。

5. 定额管理法

所谓定额管理，就是对员工和设备在单位时间内完成的作业量进行管理。定额管理也是项目进度控制的手段之一。在项目建设初期，项目经理往往忽略零星的日常耽搁，等其积累到一定程度才突然发现工期被大大延误，为了赶进度，一些项目经理开始加时加压，但这种不切实际的盲目行为很难收到实效。因为一个人或一台设备在短期内最大限度地工作也许能成为现实，但时间一长肯定会出现各种各样的问题。所以，在项目建设中，尤其在长期项目中制订各工种和设备的标准定额，实行定额管理是非常必要的。

在实际工作中，如果项目经理发现实际完成的作业量超过了标准定额，要全面分析，若有先进经验，应及时推广。如项目经理发现作业量低于标准定额，也应及时分析，找出原因，采取措施，进而提高效率。

项目进度的控制方法通常不是每一个都能用上，用不同的方法进行进度控制所需的时间和费用都不相同。项目经理要根据项目情况选择合适的进度控制方法，使花费的时间和费用达到最佳平衡。

关键点提示

项目进度控制的方法有以下几点：

1.关键路线法；2.计划评审技术；3.条线图及进度安排表；4.里程碑系统；5.定额管理法。

3.18 如何确定目标追踪的目的

工作场景描述

当要使员工正确认识目标追踪的重要性时，可查看。

解读与分析

在项目目标的执行过程中，管理者应及时对目标的执行工作进行追踪，进而发现偏差、改正偏差。实施目标管理，进行目标追踪，其主要目的可以有以下几种。

1. 发现偏差，及时修正

管理者在拟订个人目标时，可能有若干因素尚未考虑，或者由于环境的改变，使目标在实施时出现困难。为使期末实施结果与目标数字不致相差太大，管理者可以在目标执行每个阶段的追踪检讨时修正目标，以维持目标的弹性。

2. 考核员工业绩，激发员工责任意识

要实现整体目标，必须使每个项目执行者或员工将个人的努力目标与机构目标发生关联，并按其所应达成的成果，建立工作目标。到期限结束时，管理者针对每一个项目执行者或员工所应达成的成果进行考核。只有员工了解目标的存在，才能产生工作的意愿和兴趣。

3. 加强上下级之间的沟通

目标进度的追踪检讨，可以利用会议方式进行。如能加强上级与下级之间的沟通，上下级间的配合会更加默契，使目标追踪工作更加有效。

总之，不同的管理者在实施目标管理时会遇到不同的问题，因此实施目标追踪的目的也相应有所差异。管理者应根据目标实施的具体情况，确定最合适的目标追踪目的。

关键点提示

确定目标追踪的目的可从以下几方面考虑：

1.发现偏差，及时修正；2.考核员工业绩，激发员工责任意识；3.加强上下级之间的沟通。

3.19 如何制订目标追踪标准

工作场景描述

当要制订目标追踪标准时，可查看。

解读与分析

企业实施目标追踪是为了查找目标偏差并进行改进，那么目标追踪工作本身是否具备合理性和有效性也需要有一个标准来衡量。管理者在制订目标追踪的衡量标准时可参考以下内容。

1. 确保目标达成

追踪的目的是贯彻工作目标，指出执行和计划之间的偏差，及时采取行动，确保目标的达成。

2. 经济性

（1）如果追踪工作需要花费太多时间和精力，那么整个追踪工作的效率就必然会降低，从而使追踪工作无法成功。如果目标追踪过于复杂、琐碎，就得不偿失了。

管理者可以将每个员工的工作目标、计划输入计算机，并同组织中其他部门的计算机相连接，进行系统化的管理，直接进行员工的工作追踪。管理者要在特定时间和情况下，同员工进行工作探讨。

（2）在进行追踪时，必须平衡速度、经济性及精确性，有时候可牺牲一些精确性，以便追踪工作能够迅速高效地进行。如果权衡追踪工作需要管理者花费很大的精力，设计比较复杂的程序，则管理者可以选择简单、经济的追踪方法，只要能取得比较令人满意的效果就可以了。

3. 及时性

要做好有效的目标追踪工作，管理者应尽早发现问题，防止问题随着时间、情况的变化而变得更加复杂。

4. 控制性

控制的责任，应该由工作执行者承担。最佳的控制系统必须自动化。有效的控制更需要准确、适合的标准。

5. 突出重点

如果不追踪最重要的活动，而仅仅关注次要的问题，那么目标追踪就不能对基本工作目标的达成产生任何帮助，反而会使已达成的工作目标发生偏离。所以，管理者有必要针对个体业务绩效计划进行有效控制，并对其关键绩效指标加以评核。

6. 明确性

如果不能完全明了目前正在发生的事情，那么就无法采取有效的补救措施。管理者要明确所要探讨的工作是什么以及工作进行的时间和地点，使双方都清楚要谈论的问题是什么，以便于双方针对具体问题着手准备，提高工作效率。

7. 讲求实际

管理者不要讲一些空泛的、不可能实现的话。不切实际的话可能在短期内对下属起到鼓舞的作用，可是一旦下属认识到那些话是不可能实现的，便会受到很大的打击。特别是对下属正在进行的工作进行评价时，更不能因为想激励下属取得工作成绩，而忽略自己是否真的有能力兑现承诺。

8. 行动快速

在发现目标出现偏差以后，管理者应立即协调相关领导、组织以及人事部门，采取行动进行纠正。

总之，目标追踪工作若想合理有效，管理者应该制订明确的衡量标准。这样，在目标追踪的执行过程中才能做到有法可依，有章可循，使目标追踪真正发挥作用。

关键点提示

目标追踪工作的衡量标准包括：

1.确保目标达成；2.经济性；3.及时性；4.控制性；5.突出重点；6.明确性；7.讲求实际；8.行动快速。

3.20 如何建立目标追踪管理系统

工作场景描述

当要建立有效的目标追踪管理系统，完善目标追踪管理体系时，可查看。

解读与分析

管理者要建立有效的目标追踪管理系统，应注意哪些事项呢？成功的管理者一般注意目标的设定、授权制度的建立、报告系统的建立、目标绩效评分基准的确立、目标管理成绩与考核、奖惩的连接等几方面，从而做好目标追踪工作中应注意的重点事项。

1. 设定目标

为防止员工压低目标，应规定他们只要达成目标或超过目标，均可获得奖金或其他奖励，以鼓励员工发挥潜能、努力工作。应同时规定管理者不能随便调整下属目标，以免加重下属心理负担，不愿主动努力工作。

2. 建立授权制度

为了使目标执行人能达成目标，管理者应授予目标执行人相应的职权，方便其争取时机，迅速取得效果。

3. 建立报告系统

报告系统是目标管理执行过程中的追踪管理与意见沟通的渠道，管理者可利用这一渠道了解目标执行情况，下达执行指令。

4. 确立目标绩效评分基准

管理者建立目标绩效评分基准，既可使员工事先了解自己的成绩，又可使评分者有明确的考核标准，增加考评的透明度和有效性，从而避免评分不公平的现象。

5. 目标管理成绩与考核、奖惩连接

公平的赏罚是激励员工的有效方法，所以目标管理的成绩必须与考核及奖惩相结合。

关键点提示

建立目标追踪系统的内容包括：

1.设定目标；2.建立授权制度；3.建立报告系统；4.确立目标绩效评分基准；5.目标管理成绩与考核、奖惩连接。

3.21 如何使用目标追踪工具

工作场景描述

当要使用目标追踪工具，追踪目标达成状况时，可查看。

解读与分析

在目标执行的过程中，常常会使用目标追踪工具来追踪目标达成状况。目标追踪工具主要有以下两种。

1. 目标追踪单

（1）确定目标追踪单计分指标。

（2）填写目标追踪单。目标追踪单上要填写以下内容。

①目标与重要性百分比。依目标卡所列目标项目及重要性百分比填写。

②本月进度及累计进度。“预定”栏按照目标卡填写，“实际”栏则填写当月及累计的实际作业进度。

③目标达成率。指累计目标达成率，是实际数值与预定数值的百分比值。

④得分。目标执行人自行评估得分，其得分的计算应依照目标管理成果评估及奖励办法的规定计算。

⑤自我考评。供目标执行人在目标执行落后时，进行自我检讨缺失、研究改善措施或改进建议之用。

⑥处理情形。供目标执行人的主管或目标管理推动人员记载各项缺失，或者建议处理办理情形之用。各目标执行人如果已经自行采取改善措施，也可将办理情形标注于本栏。

2. 目标追踪卡

（1）各部门每个月填写目标追踪卡，并把实际执行情况与目标作统一比较。

（2）填写完目标追踪卡，经上级主管确认后将一份送至追踪部门。

（3）在开会时首先追踪未结案的重点管理事项，然后宣读上次开会决议事项与交办事项。

（4）检讨各部门的目标追踪卡，并进行比较。若发现差异，则要作出分析，并拟订纠正措施。

（5）报告上次会议决议事项或交办事项的执行情形以及其他事项执行情形。

（6）若有某项目标未达成，则在检讨中要作出特别说明。

（7）提出的质询，各部门无法答复或答复得不到上级同意，而上级主管认为该质询事项重要时，可将该事项列入交办事项。若会议中做出的某项决定必须由各部门去执行时，则可采用“交办事项追踪管理办法”进行追踪管理。

若列入目标卡项目是重点管理事项，则该事项要以“重点事项追踪管理办法”追踪管理。将各部门目标卡与目标追踪卡整理成总表后，拟出具体意见呈送上级主管审核。

关键点提示

目标追踪工具包括以下两种：

1.目标追踪单；2.目标追踪卡。

3.22　如何提高目标追踪的准确性

工作场景描述

当要检查目标执行状况，提高目标追踪的准确性时，可查看。

解读与分析

目标追踪的目的是查找问题、改正问题，如果目标追踪的准确性不够，那么管理者也不可能及时、有效地发现并解决问题。在提高目标追踪的准确性时，管理者可参考以下内容。

1. 明确追踪对象

（1）管理者不能以自己的主观感觉作为对下属进行目标追踪的参照标准，因为部门主管的精力有限，不可能感觉到所有下属的工作表现。以主观感觉作为目标追踪的标准，会造成工作追踪的片面性，伤害员工的感情。在进行目标追踪时，管理者要将注意力放在下属各个阶段的工作成果和工作进度上，以此作为目标追踪的内容。

（2）不同的下属在个人工作能力和经验上存在差别，管理者在进行目标追踪时不应仅仅局限于下属短期的工作成果，还应看到下属的努力以及潜力。

（3）目标追踪应当遵循客观的标准，即工作成果，同时也要兼顾主观性的标准，即工作方法和个人品质。

2. 遵循合理的目标追踪程序

（1）个人工作汇报。通过下属的个人工作汇报，管理者可以了解下属工作的进展情况、目前取得的工作成果，并且将个人工作报告作为一项制度进行执行。虽然这种做法看起来会加大员工的工作量，但是可以使员工定期对自己的工作进行反省，也有利于管理者了解员工的目前工作状况。管理者应要求下属在工作汇报前做好准备，包括准备好相关的材料，有目的、高效率地进行汇报。管理者在听取下属的工作汇报的过程中，要加强同下属的交流，以便直接了解下属的工作进展情况，提出自己的观点，帮助下属解决工作问题；另一方面对下属的工作状况、个人能力也要有比较直观的了解。管理者应注意，有的员工喜欢在工作报告中突出自己的工作成绩，掩盖出现的问题，所以，管理者应参照其他的资料，客观看待员工的个人工作报告，这样才可能掌握比较真实的员工工作情况。

（2）分析企业及部门内部资料。

①管理者需要分析的资料包括销售额、会计报告等，这些报告和实际的产品，一般都能够客观反映员工个人的工作业绩，具有较强的说服力。

②对于非业务部门的员工，不像业务部门如销售部门那样有明确的销售数字，这就需要管理者建立一套有效的报告机制，可以将非量化的评价进行量化处理，以便全面客观地反映员工的工作情况。

（3）进行会议追踪。同下属一同开会，进行观察，形成评价意见。

（4）协同工作。在工作现场管理者以下属协同者的身份，在不影响下属工作的情况下与下属一起工作，从而观察下属的状况，发现下属工作中可改进的地方。

（5）收集他人的反映。管理者可以通过从侧面询问本部门的同事、其他部门的同事以及客户，得到下属的情况资料。他人的反映实际上包括了两种情况：对人的和对事的。对“事实描述”的反映，应作为目标追踪方法的印证。

（6）开展评估。在开展评估时要注意以下问题。

①不要一次使用所有上面述及的方法来评估下属的工作。在实际工作中，管理者有很多事情要做，评估下属的工作只是其中一项。如果管理者要考虑所有因素以达到精确的评估结果，就会把很多时间和精力都放在评估上面，而忽略了改进目标、制订计划、解决问题等重大事项。为了避免这类事情的发生，管理者可以在事前或最初订立工作目标时，就将工作评估因素考虑进去，按重要程度对评估因素进行排序，着重分析重要的评估因素，并找出重大的偏差情况，采取必要措施予以纠正。

②按照工作重要性进行评估。在进行目标追踪时，对重要因素给予大的权重，对不重要因素给予小的权重，这样便于各部门对所有工作进行全面评估。

③避免只做机械式的业绩和目标的比较。

在分析目标偏差产生的原因时，必须分清哪些是不可控因素引起的，哪些来自下属个人因素。解决这种问题需要管理者具备经验、智慧以及常识。

只有正确地分清上述这两种目标偏差产生的原因，管理者才可以有针对性地采取相应的改进措施。若属于下属个人的原因，管理者可以针对下属个人的工作能力、经验、工作态度区别对待，或对下属进行工作指导和培训，或加强对下属工作的监督，或降低下属工作职位等；若属于不可控因素，管理者同样要分析发生的原因和造成的危害，制订应急措施，尽量减少今后类似情况发生时所造成的负面影响。

（7）信息反馈。管理者必须定期将工作追踪的情况反馈给自己的下属，以便下属能够及时知道自己的问题，寻求解决问题的方法，习惯于自我目标追踪及目标管理。如果下属能够分析自己工作的实际成果，而不是被动地接受管理者的工作追踪，那么下属就更容易培养出自我目标追踪及自我管理的习惯，增加责任感，发挥主动性，完成工作目标。

总之，目标追踪的准确性越高，越有利于管理者发现问题和解决问题。因此，管理者应掌握提高目标追踪准确性的方法，使目标追踪工作开展得更有成效。

关键点提示

提高目标追踪的准确性应该：

1.明确追踪对象；2.遵循合理的目标追踪程序。

3.23 如何避开目标追踪中的误区

工作场景描述

当要了解目标追踪的注意事项，避免目标追踪中的误区时，可查看。

解读与分析

由于种种原因，在进行目标追踪中会存在一些误区，管理者应正视目标追踪中容易出现的问题，并采用适当的方法解决。这些方法包括以下五种。

1. 使用准确的资料

不准确甚至错误的资料可能使管理者错误地认为计划正在有条不紊地执行，而实际并非如此。个人工作报告中过分夸大自己的工作成绩，弱化或忽略自己工作中的问题和失误，以及不切实际的报告等都会影响目标追踪的效果。

2. 追踪到底

对下属的工作要追踪到底，不追踪到底，往往是目标追踪工作失败的原因之一。无法对下属工作追踪到底的原因如下。

（1）管理者认为只要下属同意改正错误，问题就解决了。不过，在大多数情况下，下属同意改正后，问题却没有解决，这可能是因为下属所执行的原始计划本身就有问题，即使让下属采用改正措施，也不可能解决最根本的问题；或者下属由于某种原因，并没有真正反映问题、表达自己的意见，使解决问题的行动无法进行。

（2）对一个问题追踪到底通常需要花费很多的时间。由于工作压力的缘故，管理者可能会认为，问题既然已经得到解决，就不必再专注于这个问题，而应将注意力转移到其他事情上去。

3. 端正态度和行为

在目标追踪过程中，管理者的态度和行为，会影响追踪工作的效率。如果管理者一直坚持事先预定的计划，下属就会养成自行培养出完成工作目标所需要的工作习惯，不断提高工作素质和工作能力，发挥个人的才智。如果管理者自身都不热衷于追踪计划内的某些标准及目标，那么下属就不会去重视这件工作，养成偷懒、工作不规范的习惯，计划、目标就会成为一纸空文，造成下属各行其是的混乱后果。

4. 明确追踪范围

目标追踪的范围不仅包括对有问题的工作进行追踪，做得好的工作同样包括在内，这样才能培养下属对工作追踪的正确看法和态度。通过肯定下属的工作方法和工作成绩，能够激励下属保持向期望达到的目标努力的动力。

5. 制订合理计划并采用有效的追踪方式

管理者应该采取秩序井然、合乎逻辑且有效的追踪方式执行自己的追踪工作。

总之，管理者在进行目标追踪的过程中，或多或少会形成一些认识上的误区，这些误区如果不能解决，就会影响目标追踪的结果。管理者应使用准确的资料，明确目标追踪的范围，合理有效地避免误区、解决问题。

关键点提示

避免目标追踪中的误区可从以下几方面着手：

1.使用准确资料；2.追踪到底；3.端正态度和行为；4.明确追踪范围；5.制订合理计划并采用有效的追踪方式。

3.24 如何克服下属对目标追踪的抵制

工作场景描述

当发现下属抵制目标追踪工作，要进行原因分析和采取改进措施时，可查看。

解读与分析

在管理者进行目标追踪时，可能会出现下属有所抵制或不积极配合的情况。成功的管理者应从分析原因、采取改进措施两方面应对下属的抵制心理和行为。

1. 分析下属抵制的原因

（1）下属不想暴露自己的缺点，或者不愿意同他人合作寻求改进方法。下属可能因为个人原因，没有按照计划的进度完成工作，所以他不愿意按照计划或安排配合管理者进行目标追踪工作；或者因为下属目前的工作能力没有达到一定程度，他希望通过自己的努力提高工作能力，而现阶段他不期望管理者了解他的实际工作能力。

（2）下属不清楚目标追踪工作的目的，总认为是管理者不放心自己，有意监督自己的工作。管理者应在制订目标或订立计划前，使下属明确进行目标追踪工作的重要意义。

（3）下属早在同管理者制订工作目标时，对自己的工作目标不认可或对工作目标有保留意见，而管理者当时又没有能够说服下属。下属认为做工作就只是在机械地完成管理者交给的任务，缺少工作的积极性，从而产生抵制目标追踪工作的心理。因此，管理者应在工作开始时，让下属认同其所要承担的工作目标。

（4）下属虽然认同工作目标，但不认同评估成果的标准，或者达成目标的方法。管理者用既定的标准对下属的工作进行阶段性的评估和追踪时，下属心中自然不满意，可能产生抵制心理。

（5）下属对自己所做的工作能否受到管理者公平和正确的评估感到怀疑。发生这种情况，可能是因为下属与管理者有过矛盾，或者下属认为管理者就是一个不公平的人。下属觉得自己再怎么努力，也得不到公正的评价。

（6）下属不了解目标追踪的重要性。下属认为管理者进行目标追踪工作只是单纯找人闲谈，是在浪费时间，认为目标追踪工作没什么用。

2. 采取改进措施，促使下属改变认识

（1）使下属了解目标追踪工作的必要性。如果下属能清楚地认识到自己工作中出现的错误，就更容易改进工作局面。如果管理者更了解下属的话，就更容易协助下属的工作。

（2）管理者使下属明确目标追踪不仅是简单的监督下属的工作情况，而是辅助下属更好地完成工作。管理者要让下属认识到，通过目标追踪，可以及时发现其工作中存在的问题，及时调整工作方向，找到解决问题的方法和改进工作的措施。

（3）在制订计划、设定目标、追踪工作目标，以及执行工作改进措施时，管理者要让下属亲自参与。

（4）在目标追踪过程中，管理者要对事不对人，保持客观、冷静的态度。管理者不能在下属之间采用不同的评价标准，否则下属会认为管理者的评价不公平，进而产生抵触心理，使目标追踪工作起不到应有的作用。

（5）避免以权威的形式或以命令的方式进行目标追踪工作。管理者应牢记目标管理过程中的主要角色是完成各项工作的下属，自己承担的是引导、辅助的工作，这样才能充分发挥下属的工作积极性。目标追踪过程是一种互动的、双向式的沟通，管理者应当允许出现针对某个问题的争论。

（6）管理者要对下属遇到的困难表现出理解，并针对不同情况，努力帮助下属解决困难。

总之，在目标追踪过程中，管理者的责任是使下属明确目标追踪的重要性，协调下属的工作，使下属主动参与目标追踪工作。因此，管理者需要了解下属抵制目标追踪工作的原因，并采取措施改进自己的工作，同时做好沟通，让下属改变对目标追踪工作的错误认识，主动配合管理者，使目标追踪工作最终获得满意的效果。

关键点提示

克服下属对目标追踪的抵制行为应做到：

1.分析下属抵制的原因；2.采取改进措施，促使下属转变认识。

3.25 如何进行目标检讨

工作场景描述

当要增加与下属进行意见交流的机会，加强下属对目标的承诺时，可查看。

解读与分析

如果管理者要加强下属对目标的承诺，就有必要进行目标检讨。成功的管理者一般会这样进行目标检讨。

1. 通过目标卡追踪

管理者对下属填写的目标卡应仔细审阅；要了解下属在执行目标中遭遇困难的原因，并加以深入研究，提供解决方案。管理者可以派相关工作人员对下属进行辅导，这有助于鼓舞下属的士气。

2. 建立报告制度

管理者必须建立有效的目标执行状况报告制度，可以定期将下属执行目标状况的相关资料反馈给直接上级，以便对下属的工作进度及绩效做正确的检讨，进而预测目标达成是否存在困难，是否有必要采取纠正措施。

总之，加强对目标执行状况的追踪与检讨是非常有必要的，不仅可以增进管理者同下属之间的交流，还可以增强下属对目标管理的信心，有利于管理者更好地开展工作。

关键点提示

进行目标检讨可从以下两方面着手：

1.通过目标卡追踪；2.建立报告制度。

第4章

项目沟通与协调常见问题

由于种种原因，项目在执行的过程中常常会出现这样或那样的问题。同时，项目组成员也因各自的个性，对项目执行方案看法不一致，从而产生意见分歧，甚至引发冲突，这就使得项目执行工作受阻，项目进展缓慢，难以甚至无法达成项目目标。

管理者必须勇于正视和面对项目执行过程中出现的问题和困难，采取各种沟通方式和沟通技巧，与所有参与项目执行工作的人员进行友善、真诚的沟通，了解问题产生的原因并提供解决方案，调解各方冲突，使团队成员达成共识，朝着共同的目标努力，保障项目执行工作的顺利进行。

4.1　如何进行项目定期沟通

工作场景描述

当想和项目组成员建立一种模式化的沟通程序时，可查看。

解读与分析

企业可以将定期沟通形成一种规范的沟通制度，着重以书面文件的形式进行沟通。作为项目经理，要想和项目组成员进行有效的沟通，必须掌握定期沟通的方法。定期沟通的方法有以下几种。

1. 召开项目追踪及控制会议

通过召开项目追踪及控制会议，项目经理可以就项目中存在的问题与项目成员进行沟通。这种做法为提出、讨论和解决项目问题提供了可靠的时间和地点，在所有项目成员的参与下，项目可望恢复正常运作状态。召开这样的会议要注意以下几点。

（1）筹备会议并提前分发议事日程。和会议的主要参与者确定会议的主题，并将议事日程提前发到所有参会者手中。

（2）确定会议讨论的范围。讨论的核心范围应为上次会议与下次会议之间出现的活动。此外还应当讨论所有过期项目以及将出现的重要里程碑。

（3）开会时要突出重点。会议应简短、迅速，不允许有突变及偏差；不要在会上提出不在议事范围的问题；会外问题应在会外时间解决。

（4）讨论最新问题。第一，以截止日期为序讨论关键路径活动；第二，处理存在浮动或懈怠问题的活动。

（5）寻求关键路径的解决方案。项目经理召开项目追踪会议要处理最急的问题，对于关键路径上存在问题的活动，要给予高度关注。在讨论之前，要先对问题给出明确的技术定义，就赶上进度的解决方案达成一致。在得到所有决策者对解决方案的明确承诺（明确的完工日期、明确的资源等等）后，再根据进度表对这些具体事项进行协调。

（6）分配行动项目。项目经理对所有有明确行动项目的关键路径问题做记录，给每个项目起个名称并设定其截止日期；一定要以文件形式对参与这些项目的所有成员的工作情况做记录。

（7）记录。将会议过程以备忘录的形式记录下来。

（8）其他。向所有参会者询问项目中可能出现的问题；对达成一致的解决方案进行总结；适当组织附加的局外会议或小组会议；确定下次项目追踪及控制会议的日期。

2. 填写项目日志

项目日志是沟通工具中最重要的一种。填写项目日志要注意以下几个方面。

（1）项目日志。填写项目日志时，应注明一切与项目有关的变更或讨论，并填上日期。

（2）变更单。只要客户变更规格、交付方式或地点、任务的人事分配或完工时间，都要填写变更单，其目的是记录一切影响原合同项目成果的因素。变更单上应注明变更对项目最终交付成果及预算所造成的影响，因为这是对合同的正式修改。

（3）其他条款。项目日志的其他条款包括会议日期及出席人，现存原材料或资源的可利用范围，纠正措施，进度时间表，提前或延误完工等等。项目经理可以以笔记形式记录项目日志，但它应具有可读性。

除了上述条款和一个总追踪日志外，项目经理还应记录任何延误工期的行为、成本超支的问题以及问题的推论和解决方案。这对项目经理编制未来项目计划特别有帮助，因为它可以使项目经理对典型工期和重复出现的问题温故而知新。

3. 项目汇报

项目汇报是进行项目沟通的一个重要手段和方式。项目成员可以通过定期汇报的方式向项目经理反映项目的进展情况以及所出现的问题，并寻求问题的解决办法。项目汇报有以下几种方式。

（1）口头汇报。主要是针对一些临时性的或不太重要的情况，通常汇报的目的是使项目经理了解项目组成员的工作情况。

（2）书面汇报。主要是针对一些原则性的问题以及阶段性的工作总结报告，汇报目的是希望得到项目经理关于项目的批示。

好的项目汇报能节约项目经理很多时间（主要是会议时间）。如果项目经理和其他成员都时刻了解项目进程，那么就可以减少面谈会议的数量。

就项目沟通工作而言，定期沟通不仅要作为一种项目沟通的方式，还要作为一种项目管理制度确定下来。

关键点提示

项目定期沟通的方法有：

1.召开项目追踪及控制会议；2.填写项目日志；3.项目汇报。

4.2　如何做好项目问题预防性沟通

工作场景描述

当想和项目组成员就项目实施过程中隐藏的问题进行沟通时，可查看。

解读与分析

项目经理除了做好定期沟通外，对项目实施过程中隐藏的问题进行预防性沟通也是很重要的。预防是处理问题的关键，下面两个要点共同组成了预防工作的基础。

1. 发现潜在问题，与相关人员做好沟通

如果项目经理能够在潜在问题出现之前发现它，那么这些可能出现的问题对整个项目正常进展的影响就会降至最小。只有对隐藏的问题与相关人员进行足够的沟通，才能更好地解决问题，做到防患于未然。

以下是几种发现潜在问题的方法。

（1）走出办公室。到活动现场去，拜访项目成员，询问项目的进展情况，询问项目成员是否预见到困难，思考自己如何帮助他们，直接观察项目的进展情况，并要求相关人员不断改进实施项目的方法。当然，还需要让项目成员明白项目成员不是在刺探军情，而是在真心为他们提供帮助。

（2）注意倾听项目成员的心声。如果项目进展得并不顺利，项目经理就应当尽量发现潜在问题，鼓励大家说出自己的顾虑。

（3）加强团队成员的责任感。项目经理要将忧虑视为金块，而不是麻烦。项目经理发现问题时，应询问项目成员如何预测问题，指导项目成员寻找某些迹象来发现存在的问题。项目经理应以指导而不是谴责的方式来处理问题，这一点非常重要。

（4）要“好管闲事”，而且鼓励其他项目成员都这样做。

（5）从根源解决问题。这就为迅速解决问题提供了最佳途径。

（6）与相关人员密谈。举行小型座谈会，取得关于行动方式的选择及责任承担的一致性。许多重大决策具有强制性，必须传达至各部门。项目会议就是传达这些决策的好机会。

（7）反馈。将上级决策以及重要的变更通知相关各部门，从而为发现和解决潜在问题做好准备。

2. 鼓励团队成员实现共同目标

（1）经常向所有人提醒目标。要想和项目成员有很好的沟通，需要经常向他们提醒：肯定工作的重要性，并指明项目成员的那部分工作是在完成一项很大的项目，是非常重要的；当出现非建设性冲突时，提醒项目成员他们有着共同的项目目标。

（2）确定优先级别。要严格确定优先级别，如果项目经理确定的某项要求相对于主要目标并不重要，那么，就不要在这项要求浪费过多时间或资源将优先级别高的项目与直接但优先级别并不很高的项目区分开来；协助项目成员做同样的事情；经常询问一些能够澄清任务与项目目标关系的问题。

优先级别满足于整个项目的需要，而不是项目成员个人的需要。

对项目潜在问题做好预防性沟通是减少项目风险，防止项目出现重大问题的有效措施，项目经理只有拥有先见之明，方可运筹帷幄。

关键点提示

做好项目问题预防性沟通应该做到：

1.发现潜在问题，与相关人员做好沟通；2.鼓励团队成员实现共同目标。

4.3　如何与管理层进行沟通

工作场景描述

当想在项目实施过程中与管理层进行有效的沟通时，可查看。

解读与分析

项目经理与管理层沟通的好坏影响着项目的进程。管理层对项目整体进程的把握程度，是项目经理沟通技能好坏的重要表现。项目经理与管理层沟通一般有如下方式。

1. 非正式状态下的汇报

项目经理每周或每两周与管理层进行沟通，汇报项目的进展状况。这可以是一对一的非正式沟通，不一定非要举行正式的会议。非正式状态下的汇报适用于一些不是很紧急的情况，使管理层在很轻松状态下了解项目的进展状况。

汇报中需要讨论如下问题。

（1）从预算和进度的角度对项目的进展状况进行沟通。

（2）提示管理层在未来的某一时间，有一些特别的问题需要解决，同时指出这些问题对项目进度的影响。另外，还要向管理层汇报项目经理正在考虑的几个备选的问题解决方案，并且说明这些方案会在以后提交给管理层。

这种非正式沟通可以为今后双方在更加正式的场合下讨论问题铺平道路。这种方法也使管理层能够在一种轻松的氛围中接触项目。在这种氛围中，项目经理可以采取某些行动，或就某些可能的改变发表评论。

上述所有工作的目的都是要让管理层参与到项目中来。

2. 就项目进展状况做正式报告

对于管理层来说，了解和掌握系统和技术项目是一个挑战。许多管理层都缺乏技术背景。作为项目经理，如何将技术项目中的信息传递给非技术管理层？从经验上看，不管项目规模有多大，在向管理层员汇报项目进展状况时，可以为每一个独立项目准备一份项目报告。报告一般要包含以下内容。

（1）标题、目的、范围、负责人和日期。项目经理要反复强调一个项目的目的和范围，因为项目周期比较长。项目经理在项目报告中一定要让管理层知道关于项目需求的任何变化。

（2）与实际情况相对照的预算。项目经理要列出项目中积累的实际成本和计划成本，这样可以让管理层对项目的成本有比较清晰的了解。

（3）概括性的甘特图。项目经理在同一张甘特图上突出表现基准的和实际的项目进度，这有利于管理层了解项目进度。

（4）正面临的关键的问题。这一部分用于列出尚未解决的关键问题，以及如果不解决这些问题将会带来的影响，这一点有利于管理层做出合理的决策。

（5）主要的成果。这张清单上要列出自上一个报告以来取得的主要成果和出现的里程碑，这一点可以获得管理层对项目经理所做的项目工作的肯定。

（6）即将迎来的里程碑。这里要列出在一段时间内项目经理预测将取得的成果和将会出现的里程碑。这一点有助于管理层对项目经理今后的工作进行了解，方便管理层作出计划安排。

与管理层进行沟通是项目经理的重要职责。项目经理与管理层进行的沟通可以保证项目顺利进行，是管理层了解项目进展状况的主要途径。

关键点提示

与管理层沟通的方式有：

1.非正式状态下的汇报；2.就项目的进展状况做正式报告。

4.4　如何与客户进行谈判

工作场景描述

当想掌握与客户谈判的技巧时，可查看。

解读与分析

谈判是在某一方面为了达到双方均可以接受的局面而进行的互相磋商、形成共识的过程，旨在就彼此均认为重要的、可能引发冲突的、需要合作才能得以解决的问题交换意见。

作为项目经理，经常要和客户进行谈判，可以说谈判是项目经理必须掌握的一门技能。谈判需要掌握以下技巧。

1. 制订有伸缩性的谈判目标

成功的谈判者在坐到谈判桌旁之前，就已经明确了谈判的具体目标，但是如果项目经理谈判时为了实现目标而坚持不让步，那么谈判就会陷入被动。因此，在谈判开始时，不要制订刚性的谈判方案。即使是谈判目标，也应有一定的伸缩性。项目经理必须提前确定所能做出的最大让步，不能丝毫不让步，否则，对方就会意识到项目经理毫无谈判诚意而使谈判在一开始就陷入僵局。

2. 要尽可能详尽地了解谈判对方的情况

项目经理在谈判前，要尽量了解谈判对方的情况。例如：对方代表有多大的自主权，对哪些利益感兴趣，最为关心的利益又是什么；对方的性格志趣如何，谈判经验又如何等等。然后项目经理再考虑采用何种方法或策略应对对方。

3. 营造积极的谈判气氛

谈判气氛对谈判方向的发展起着重要的作用。项目经理应当设法营造利于己方的谈判气氛，以实现既定的谈判目标。如果谈判不幸陷入僵局，项目经理应该积极转变，建立一种热情友好、真诚合作、轻松活跃的气氛。友好的语言交流和身体语言的表达（如一个轻松的微笑），对建立彼此间积极的谈判气氛十分有利。

4. 将当事人和问题分开

谈判时，当事人双方如果发生冲突，一般都比较冲动。他们对事情有不同的看法，尤其对分歧感觉很强烈。为了减小冲突演变相互攻击的可能性，项目经理应认真确定问题的实质，以使每个人都可以针对问题开展谈判。

5. 注重利益而不是立场

当谈判集中在利益上时，谈判者必须确定对方所关注的潜在问题。对方所关注的或许是从某项投资中获取一定的收益。了解了对方的利益就可以使己方提出的解决方案满足对方的需要而无须同意他的立场。

6. 在试图达成一致意见前寻求双方受益的选择方案

谈判者在进行谈判前都知道自己需要什么样的结果，所以，他们不注重其他的结果并且尤其缺乏创造性。然而，实质性的问题一经阐明，就应尽力寻求有助于提升冲突各方利益的各种解决方案或者各种相关要素。如能成功地寻找到使双方受益的选择方案，就增加了实现双赢谈判的可能性。

7. 坚持使用客观的标准

谈判过程中，项目经理不应针对对方的立场讨价还价，而应把注意力放在寻求有利于解决双方分歧、达成一致意见的客观标准上来（例如市场价值、专家意见、法律、企业政策）。这样做可以减少谈判过程中双方固执己见、互不相让的情况。

以上讲述了谈判的准备阶段和谈判进行过程中的谈判策略与技巧以及谈判中应该注意的一些问题。这些策略和技巧都是经过长期经验积累总结出来的。

关键点提示

与客户谈判的技巧包括：

1.制订可以伸缩的谈判目标；2.要了解谈判对方尽可能详尽的情况；3.营造积极的谈判气氛；4.将当事人和问题分开；5.注重利益而不是立场；6.在试图达成意见一致前寻求双方受益的选择方案；7.坚持使用客观的标准。

4.5 如何与项目关系人进行沟通

工作场景描述

当想与对项目有影响的人进行沟通时，可查看。

解读与分析

项目关系人是受项目影响的人，所有涉及项目活动的人都是项目关系人。确保项目关系人都适当地了解项目是项目经理和项目发起人的共同任务。过多的沟通可能使他们厌烦，而沟通不够会让项目在优先级列表中下降到项目经理不希望看到的低位。

让项目关系人参与沟通并且发挥对项目的推进作用虽然费力但是很重要，这需要有一个正式的沟通计划，同时还依赖于所有项目团队成员的努力。和项目关系人沟通要做好以下工作。

1. 分析项目关系人对项目的影响

要分析项目关系人的影响，可以进行以下分析。

（1）集体讨论谁是项目关系人，把每个人的名字都写在便签上，并将便签贴在白板上或活动挂图上。

（2）根据对项目的要求或者影响把项目关系人分类。如果可能，把项目关系人列表条理化。

（3）定义每个项目关系人对项目的影响。项目关系人可以是以下几种。

决策者——这类项目关系人被要求对项目做出一项决策。

影响者——这类项目关系人对项目有影响或者对决策者有影响。

参与者——这类项目关系人承担项目活动中的一部分工作，可能提供资源、设备或进行项目审查。

认可者——这类项目关系人的承认是项目成功的必要条件（如计算机系统用户）。

把每个项目关系人的名字都写在活动挂图上，轮流回答以下问题。

①这个或这些人在项目中的地位是什么？

——他或他们是否可作为“资源调配”？

——他或他们是否直接受项目的影响？

——他或他们是否间接受项目影响？

——他或他们是否并不受影响，但他们如果愿意将有能力影响项目？

②他或他们的作用是什么？

③他或他们对项目的态度是正面的、中立的还是负面的？

（4）对于那些有负面或中立态度的项目关系人，项目经理需要把他们区别出来。

（5）对于那些对项目影响很大的项目关系人，项目经理必须努力做到对他们的控制。

（6）对那些态度不明确的人，项目经理必须了解他们的真实情况。

永远不要因为小看项目关系人的能力而毁了您精心制订的计划。

2. 做好同项目关系人的沟通计划并进行跟踪

根据上面对项目关系人的分类考虑以下问题。

（1）计划。

①项目经理希望项目关系人接收到的信息。

②项目经理同他或他们沟通时可能用到的方式、媒介或者人。

③沟通的频率。

项目经理要假设自己是项目关系人，考虑他们想要知道什么，在什么时候知道？试着从对方的角度看问题。项目经理还需要做以下工作。

①在一张很大的纸或白板上列出每个项目关系人的名字。

②决定谁应该收到定期的进展报告，并在相应项目关系人的名字上画上记号。

③集体讨论希望采用的向项目关系人发送信息的方式。把这些方式写在便签条上，并按照顺序放在活动挂图的左边。

④在更小的便签条上添加显示出哪个项目关系人适用哪种特定的沟通方式。

⑤审查每个项目关系人接收信息的频率，调整频率直到项目团队满意为止。

⑥把主要的需要沟通的项目转化到项目进度计划中，并把白板上的便签条内容直接

写到白板上。

一种可能减少项目失败的方法是：在项目开展的早期就要让项目关系人参加进来。

（2）跟踪。使用同一个白板的输出结果，简单地在左边写出已经完成的沟通项目和沟通日期，在每个项目关系人相应的栏内画“√”。

项目经理因此得到了一个“与项目关系人沟通”的列表（见表4–1），通过此表可以很容易地发现您漏掉了谁。项目经理可以从正式计划开始并且在需要时，增加额外的沟通计划。

表 4–1　与项目关系人沟通列表

	日期	发起人	首席执行者	战略主管	财务主管	单位领导
启动摘要	2019.3.1	√	√	√		
团队简介	2019.3.12	√				
备忘录A	2019.3.14		√	√	√	√
备忘录B	2019.3.21		√	√		
演示	2019.4.4	√				√

关键点提示

与项目关系人沟通的方法有：

1.分析项目关系人对项目的影响；2.做好同项目关系人的沟通计划并进行跟踪。

4.6 如何掌握会谈沟通的要点

工作场景描述

当想掌握会谈沟通的要点，以便与下属进行良好的沟通时，可查看。

解读与分析

目标管理的特点是鼓励员工自主提出目标，并配合企业总目标和部门目标执行。而进行会谈沟通是目标管理取得成功的关键，成功的管理者一般会掌握以下会谈沟通的要点。

1. 会谈沟通的准备

在进行沟通前，项目管理者应做相应的准备工作与前导工作，以利沟通进行。

2. 会谈沟通的方式

与下属沟通的方式，按接触方式分为直接沟通与间接沟通；按接触人数分为个别沟通与集体会谈。

3. 会谈沟通的程序

双方沟通应按照明确的程序进行，以利沟通的顺利进行。

4. 会谈沟通的技巧

项目管理者应熟悉沟通技巧，以利协调，并且说服下属接受适当的工作指导。管理者欲适应漫谈式的会谈，需要如下步骤处理好会谈前期的工作。

（1）决定企业的各项目标。

（2）将这些目标与所属各部门主管人员的职能分工保持密切关系。

（3）将主管人员各项职责转变成各项初步工作目标。

（4）决定各项工作目标的标准。

关键点提示

会谈沟通的要点包括：

1.会谈沟通的准备；2.会谈沟通的方式；3.会谈沟通的程序；4.会谈沟通的技巧。

4.7　如何做好会谈沟通准备

工作场景描述

当准备进行会谈沟通，要做好会谈沟通准备时，可查看。

解读与分析

进行会谈沟通前，成功的管理者会从以下几方面进行准备。

1. 收集会谈人员资料

依照企业组织系统，收集所有参与会谈者的姓名、职位、职责说明、目标内容等项目。

2. 发放目标卡

此卡在设定目标会谈时要交给下属填写。

3. 发出会谈通知

向参与会谈者发出会谈通知，约定会谈日期。

4. 拟订会谈计划

主管拟订会谈的计划，在制订目标时要再次详读下属以往的目标记录表。会谈的计划一般包括以下内容。

（1）明确企业总体目标和部门目标。

（2）确定会谈的程序。

（3）制订个人目标时需讨论的项目。

（4）执行个人目标时需协助的项目。

（5）修正个人目标所需的指导方法。

5. 事先整理

为了说明修改下属所定目标的理由，主管事先应做好相关内容的整理。

6. 事先调查

为了更好地了解下属的目标及业务，主管事先宜进行充分调查。调查的内容一般包括以下内容。

（1）下属过去几年的个人目标。

（2）下属过去几年的目标完成情况。

（3）下属过去几年影响目标完成情况的因素。

（4）下属是否进行了业务调整？调整后的业务是什么？

（5）下属过去几年所设定的目标的评价。

总之，会谈沟通是目标管理的重要内容，若想使会谈沟通顺利、有效进行，管理者应做好各方面的准备，保证会谈沟通的效果。

关键点提示

做好会谈沟通的准备可从以下几方面着手：

1.收集会谈人员资料；2.发放目标卡；3.发出会谈通知；4.拟订会谈计划；5.事先整理；6.事先调查。

4.8 如何确定会谈沟通程序

工作场景描述

当要按照会谈沟通程序有效地进行会谈沟通时，可查看。

解读与分析

管理者在做好会谈沟通的准备工作后，就应按一定的程序开展沟通工作。成功的管理者一般会遵循以下程序进行会谈沟通。

1. 说明部门目标

在会谈沟通的开始，应向下属说明本部门目标的范围和方向，使下属对部门目标的情况有所了解。

2. 事先检查和讨论

应事先单独与下属检讨各个工作范围、一般环境与条件，及达到目标的途径与手段，并指出个人担任的角色。

3. 与下属交换意见

在说明部门目标和检讨下属的工作范围之后，要同下属积极交换意见，听取下属对目标的看法和意见，讨论最适合下属的工作内容。

4. 发出目标卡

通过双方的意见交流，得到下属认同后，发出目标卡，由下属将确定后的内容填入。

总之，在进行会谈沟通之前最好确定一个具体的程序，这样既可以使会谈有条不紊地进行，又可以避免遗漏重要内容。

关键点提示

会谈沟通的程序包括：

1.说明目标范围与方向；2.事先检查和讨论；3.与下属交换意见；4.发出目标卡。

4.9 如何运用会谈沟通的心理技巧

工作场景描述

当想运用会谈沟通的心理技巧，提高会谈沟通的有效性时，可查看。

解读与分析

会谈沟通的目的是说明总目标，讨论并确定个人目标。为了提高会谈沟通的有效性，管理者应运用一些心理技巧来达到这个目的。

1. 避免干扰

要选择使彼此能安静地充分交谈的地点为会谈场所，避免会谈被中途打断。

2. 激励下属

会谈的目的是激励下属。利用会谈的机会说明企业对未来的展望，获取的相关信息。要明示下属其要达成目标的使命、意义与企业的密切关系。管理者要表现出对目标达成的意愿和热诚。

3. 创造轻松气氛

通常下属跟上司面对面交谈时，难免会紧张。因此，管理者首先要营造出轻松的气氛，可用天气以及别的与工作无关的话题作为引子，让对方的心情先放松下来。

4. 让下属先发言

应让下属先发言，并避免在下属说话中插嘴或提出异议，应细心地倾听。

5. 夸赞

懂得巧妙地运用夸赞的言辞，不一定只限于夸赞业绩。

6. 随声附和

高明而巧妙的随声附和，能使下属感受到上司对问题的重视和了解，使其更加注意倾听上司的话语。在身体语言上，管理者最好将身体向前倾，表示自己在专心听下属讲话。

7. 突出重点，提出暗示

决定重点所在，加以询问。充分把握问题的重点，提出所暗示的问题，让下属重新思考。

8. 调整立场

管理者说话一旦带有权威的口气，下属将不敢充分表达意见，这会导致面谈无法有效进行。在说明目标的调整时，管理者应站在下属的立场，详细地说明共同达成的效果，语气要平和。

9. 让下属自主思考

不要强迫下属思考。要提示下属应自己思考达成目标的重要性与具体方法；要让下属能充分地思考，管理者协助即可。

10. 确认谈话结果

管理者不要急着公开谈话结果，应该在会谈最后阶段与下属互相确认，整理会谈重点，面谈时必须随时记下重点。

总之，管理者同下属进行会谈沟通是需要技巧的。下属和管理者交谈总会有紧张感，难免会隐藏真实的想法。因此管理者应想办法尽量获取下属的真实情况，这样才能使会谈沟通产生预期的效果。

关键点提示

运用会谈沟通的心理技巧包括以下几个方面：

1.避免干扰；2.激励下属；3.创造轻松气氛；4.让下属先发言；5.夸赞；6.随声附和；7.突出重点，提出暗示；8.调整立场；9.让下属自主思考；10.确认谈话结果。

4.10 如何选择会谈沟通方式

工作场景描述

当想选择有效的会谈沟通方式时，可查看。

解读与分析

如果要进行会谈沟通，如何确定有效的沟通方式呢？成功的管理者一般从以下几方面进行。

1. 直接会谈和间接会谈

（1）直接会谈是指主管与下属面对面直接进行谈话，共同商定工作目标。这种方式比较直接，当上下级双方在讨论过程中出现分歧时，即可当场讨论，及时解决。但这种方式需花费较多的时间，需合理地安排谈话人员和谈话时间。

（2）间接会谈以文字传达为主，有些像“调查—反馈”的方式。间接会谈适用于机构组织过于庞大、分支机构遍布各地的企业。直接会谈有困难的企业，可事先发放总目标的有关资料，供各级人员研读。但这种方式存在因文字表述不明确而产生歧义的问题，同时其时效性也不高。

2. 个别会谈和集体会谈

（1）个别会谈就是主管与所属工作人员个别举行目标设定会谈，视下属的工作能力，商订挑战性的目标。采用这种方法可以充分了解下属的真实想法，沟通效果很明显，但耗费的时间也较多。

（2）集体会谈是主管与一定数量的所属工作人员共同会谈的方式，这样可发挥集体创意。以创造业绩为主及以企业组织为中心的目标管理，大多采用集体会谈方式。在使用这种方式时，管理者要加强对会谈主题的控制，并注意进行会谈汇总。

总之，管理者应根据企业自身的条件和要求，选择合适的会谈沟通方式。

关键点提示

会谈沟通方式包括：

1.直接会谈和间接会谈；2.个别会谈和集体会谈。

4.11　如何使用非会谈沟通媒介

工作场景描述

当准备使用非会谈沟通媒介时，可查看。

解读与分析

目标沟通对企业发展壮大来说很重要。选择恰当的沟通媒介，有助于沟通目标的实现。一般而言，企业目标沟通除了前面介绍的会谈沟通方式外，还可以借助以下几种沟通媒介进行非会谈式的沟通。

1. 组织报刊

组织报刊是一种定期发行的纸质宣传媒介。目前它已由原来的辅助地位变成一项主要的沟通媒介。组织报刊的影响效果，以前被认为是间接的，现在已被认为是直接的。正如一种影响较大的看法所说：“组织报刊是一匹可以工作的马，而不仅仅是管理者的传声筒。”

组织报刊内容丰富，形式多样。一般报道的内容既反映主办者的观点，也反映一些企业员工和公众关心的重要事件。形式上可以采取时事通讯形式、报刊摘要形式、报纸与杂志相结合的形式或杂志的形式等。丰富多样的组织报刊的最一般的用途就是与员工沟通。它的优势在于能够向范围狭窄的特定目标提供专门的详细信息。

一般而言，组织报刊应反映“企业希望员工知道的”和“员工希望知道的”内容。调查结果表明，员工关心的事主要是企业计划、企业的经营状况及一些与职业相关的问题。

此外，时事手册、信息手册、产品手册和书籍，也是必要的辅助性沟通媒介，对前述组织报刊的沟通起补充作用。这几种媒介对企业内部沟通所起的具体作用体现在以下三个方面。

（1）教育的作用。主要是指向新员工和访问人员详细说明企业内部规章制度和遵守制度的好处，有利于教育新员工注重集体精神的培养。

（2）参考价值。这些媒介能使员工容易查找自己需要的专门信息，如保险计划、养老计划、建设系统、医疗方案、利润分享、住房管理及安全、娱乐项目及设备、教育培训计划以及组织方针程序等。

（3）帮助员工了解企业文化。相关媒介中对企业的经营观念、价值观念和行为准则有较详细的说明，有利于员工了解企业文化。

2. 信件

信件可被组织用来与员工进行直接沟通。有时企业管理者为了筹措资金和平息矛盾，给员工写信是个较好的办法。

（1）私人信件对组织刊物也是一种补充，它为总经理提供了一个与员工进行沟通的机会。信件沟通方式既经济又直接，还具有保密性质，具有给人印象深刻、速度快且能打动人等特点。

（2）还有一种重要的信件是组织信件，这是组织之间进行目标沟通的重要手段。组织信件有利于组织内部的沟通，向来被充分利用，并且可能还会继续被利用。

3. 计算机网络

计算机网络作为一种新技术的产物，已成为一种新的沟通媒介，并在21世纪渐趋替代组织报刊。这要求各层管理者掌握一些信息技术。

计算机网络作为新的沟通媒介，具有与其他媒介不同的特点。如：信息不间断且与员工直接接触；信息灵活多样，适用范围广；随时可以调用和检索文件；可以按照使用者希望的方式提供信息等。

4. 演讲

每家企业都有思路灵活、口才好的员工。可以事先拟定题目（就员工们争论的重大问题表明立场和观点），挑选演讲者，然后选择地点，让其向其他员工进行演讲。演讲是与员工就特定目标进行沟通的有效办法。另外，演讲还有其他方面的优点：面对面地直接接触，说服力较强；始终保持双向信息沟通；有助于演讲者个人和组织获得威望等。

5. 图像媒介

（1）电视会议。电视会议是在通信技术提高的情况下，对会议与演讲媒介的一种补充，或者说是其延伸。如：演讲者无法参加会议，可以用电视转播；几座城市内容相似的会议，可以用电视播放，免去集中所有人员或重复召开会议的麻烦。

（2）电影和幻灯片。企业组织赞助、委托制作电影和幻灯片，可在员工们心中树立正确的目标观念、态度，使他们产生合理动机和行为。调查表明，有99%的人认为电影与幻灯片能够比组织报刊提供更多的信息。

（3）陈列和展览。所有的企业组织都有会客室、展览室、餐厅和休息室等。从本质上说，这些场所能起到陈列与展览的作用。陈列和展览的主要内容是贸易展览和会议。贸易展览不但具有展示企业形象和销售的功能，而且还具有其他功能，如创造或保持员工对企业的特殊认识；展现企业经营状况；引起员工询问；掌握更多的信息；增加组织和员工实现目标的信心。陈列和展览在某种程度上具有与电影和幻灯片类似的功能。它的目标是吸引参观者在陈列前流连忘返，激发参观者对陈列信息的兴趣。

总之，除了会谈沟通方式之外，企业还可以采用其他的非会谈沟通方式。只要能够顺畅地传递信息，增进组织与员工之间的沟通，促进目标的设定和执行，就是理想的沟通媒介。

关键点提示

非会谈沟通方式包括以下几种：

1.组织报刊；2.信件；3.计算机网络；4.演讲；5.图像媒介。

4.12 如何利用会议与项目组成员进行沟通

工作场景描述

当想利用会议与项目组成员进行沟通时，可查看。

解读与分析

项目会议是项目经理与项目组成员进行沟通的主要方式之一。项目会议的主要步骤是：明确会议目的；会前做好准备；促进参会人员积极发言讨论；适时总结会议进度。

如果项目经理希望项目会议起到有效沟通的效果，需要注意以下几个方面。

1. 制订解决问题的会议计划

召开项目会议是为了促进项目成员之间的沟通，从而解决问题，如果项目经理希望会议起到很好的沟通效果，那么首先得制订解决问题的计划。

（1）确定会议议程。无论何时召开会议都要制订会议议程。通过会议议程，每个人在事先就能了解会议要讨论的议题。这样可以防止会议跑题，比如讨论多余的话题。

（2）确定会议目标。召开会议是为了解决问题，但更重要的是为下一步的工作制订目标。事实证明，不能明确后续行动的会议是无效的，因此，任何一个项目会议都需要有明确的目标，否则，会议就没有必要召开。

2. 确定开会时间、地点以及参会人员

（1）确定开会时间和地点。会议计划一经确定，应立即给每个参会者发一份备忘录，通知或提醒他们开会的时间、地点和议题。安排会议的时间和地点要经过所有参会人的同意，这需要提前做大量的协调工作，而协调是项目经理应尽的职责。

（2）明确参会人员的名单。有些客户可能并不需要参与某个特殊的会议，有些特定的项目组成员可能也不需要参与。为确保适当的人出现在适当的会议上，项目经理应该明确参加会议人员的名单。

会议的重要原则：会上只能议事，不要议人。

3. 控制好会议召开时间

（1）按时召开会议。如果会议领导等待迟到者，人们就会形成开会迟到的不良习惯，因为他们知道会议是不会按时召开的。相反，如果不等待迟到者按时召开会议，就会督促人们养成准时参会的好习惯，并为自己的迟到感到汗颜。

（2）不要延长会期。决不能让一场会议无休止地进行下去，因为与会者可能有其他约会或其他事情。如果一场会议没有讨论完所有议程，最好告诉涉及会议细项的人们择时召开另一场会议。

4. 监督而不能支配会议

（1）项目经理不能主持所有的讨论，而应该是让其他参会者主持相应主题的讨论。项目经理应该是一个会议的监督者，而不是主持者。一个好的监督者应该保证会议在计划时间内结束；鼓励参会者发言；限制那些偏离主题的讨论；控制打断别人讲话和私下交谈的现象；明确所提出的要点；及时总结讨论并进入议程表的下一个议题。

（2）项目经理不能只说不问。如果项目经理只顾自己说而很少提问，反馈意见就会很少。这样有可能导致决策失误。

（3）重视反馈意见。如果项目经理不是在鼓励每个参会者提出意见，而是对第一个提出意见的人提出批评，那么其他参会者就会感到担心，于是就不会再提出反馈意见。这样一来，项目经理得到的信息肯定不完整。

5. 营造良好的会议气氛

作为项目经理，必须创造一个良好的会议气氛。企业需要的是“双赢”的会议气氛，而不是“一输一赢”的会议气氛。如果会议气氛沉闷，会议很可能会失败。

6. 做好会议记录

在项目会议中，如果项目经理希望做好会议记录，不妨采用下面这些办法。

（1）到会时携带足够的书写材料，至少一沓横格纸，两支钢笔。

（2）当与会者进门时就记下他们的名字。对照花名册，查看参会者是否全部到会。

（3）在第一时间记录下每一个与会者发言的主题。按照会议议程表依次进入下一个主题的讨论。

（4）不要试图记下说话者所说的所有内容，但要对他们针对重点内容所提出的意见给予足够的重视。

（5）不要受发言者所说的统计数据和图表的干扰。

（6）特别注意发言中对项目经理所在部门有影响的那些内容。

（7）如果发言者在发言中使用了图表，项目经理可以向其索要一份拷贝，这样可节省项目经理在记录信息上所花的时间。

（8）如果项目经理漏了发言者讲话的重点内容，等到发言者总结发言时再记录，同样的内容会再度出现。

（9）如果发言者的语速太快，请他讲慢一点。

（10）随身携带录音笔作为应急之用。

7. 会后追踪

要建立会后追踪程序，对每项决议的落实情况进行跟踪。如果发现有意外情况，可以适时调整，从而保证会议各项决议都能落实。

会议是组织沟通的必要手段，是推进工作的一种高效率工具，掌握开会的艺术对项目经理来说非常重要。

关键点提示

会议沟通的有效方法有：

1.制订解决问题的会议计划；2.确定开会时间、地点以及参会人员；3.控制好会议召开时间；4.督促而不能支配会议；5.营造良好的会议气氛；6.做好会议记录；7.会后追踪。

4.13　如何解决项目组成员间的冲突

工作场景描述

当想有效地解决项目组成员之间的冲突时，可查看。

解读与分析

项目组作为一个团队，难免会出现意见分歧、人与人之间的冲突等，这些分歧和冲突如果处理不好就会影响项目成员的情绪，最终对项目的运行带来负面影响。如何处理好这些冲突呢？可采取以下方法。

1. 分析冲突类型与冲突造成的后果

在介入冲突之前（除了阻止双方动手），先问自己下列问题。

（1）它是一个孤立的事件，还是重复发生的事件？如果是孤立的偶发事件，要立即中止引发冲突的活动，让双方冷静下来。冲突双方很可能会再坐到一起，迫切希望取得谅解。

如果是重复发生的事件，那么请回答下一个问题。

（2）它是否影响了团队业绩？如果没有影响到团队的业绩，小的冲突是可以忽略的，但这种忽略要讲究方式。注意争吵是否升级，或双方关系是否过于紧张，是否会影响到当事人或其他组员的业绩。

如果影响到团队业绩，那么，项目经理需要回答下一个问题。

（3）导致冲突的原因是什么？如果原因是双方处理问题的方式不同。这可能是因个性不同而引起的冲突，或者说是因行为风格不同而引起的冲突。

一个人散漫的工作风格在另一个人的眼里就是缺乏工作激情。一个人喜欢自言自语，别人会认为他会使人工作分心。有的人希望跟上形势变化，有的人深信无须未雨绸缪。这些行为风格上的差异会导致项目组成员间产生很多误解和怨恨。

当然，不是所有冲突都属于行为风格冲突。有些冲突的产生原因更复杂。比如：项目组成员对“下一步应该怎么办”意见不一，争论激烈。项目经理面对这类问题，必须要用冲突管理办法来解决。团队领导有责任将危机转化为解决团队问题的机会，使冲突结果比任何一方赢得争执胜利所取得的结果都要好。

解决冲突必需的行为准则：愿意听，并对事不对人；愿意明确问题；愿意在讨论时将一些气愤和敌对暴露出来；愿意服从决定；愿意接受某一点可能是问题一部分的观点；愿意试图改变自己的行为。

2. 确定问题性质

确定问题性质要从团队共同需要的角度出发，不能从对立的观点出发，只有了解了问题的性质，才能找到合适的解决办法。

3. 找出导致冲突的原因

要处理好冲突，首先需要找出导致冲突的原因。作为项目经理，要提醒每个人：大家的目标不是追究责任，而是防止头痛医头、脚痛医脚，要在根本上解决问题。

4. 集体讨论解决方案

集体讨论是解决冲突的好方法，讨论时应该做到：不许批评、不许断定（让每个人遵守这一规则）。讨论时要对照标准权衡可能的解决方案，并列出每个方案的优缺点，如果哪个方案的不利因素超过有利因素，就应该放弃这一方案。

5. 听取对方的意见

假如项目组成员能真正倾听对方在说什么，许多争论就会自动平息。一个技巧是，让项目组成员在发表自己意见之前先解释对方的意见。如果再进一步，项目经理可以要求他们不仅分析对方的意见，还要指出对方的哪些观点他们可以接受。

此外，解决冲突不应该是项目经理一个人的责任。小组磨合程度越高，组员越趋向于把冲突处理当作团队的责任。事实上，项目经理可以为此铺平道路。在制订工作规范时，可以适当加入处理冲突的一些办法。这样一来，当冲突发生时，项目经理至少可以找到干预的突破口。

一个团队中不可能没有冲突，有冲突有时也是好事。项目经理要知道如何解决和有效利用冲突，这样方能让团队焕发生命力。

关键点提示

解决项目组成员间冲突的方法有：

1.分析冲突类型与冲突造成的后果；2.确定问题性质；3.找出导致冲突的原因；4.集体讨论解决方案；5.听取对方的意见。

4.14　如何掌握解决项目冲突的模式

工作场景描述

当想掌握解决项目冲突的模式时，可查看。

解读与分析

项目存在于一个冲突的环境中，冲突是项目的存在方式。研究冲突的起源、性质，并把它放在项目生命周期中考察，有利于寻求更好的解决冲突的模式。

面对众多的项目冲突，项目管理专家提出以下五种基本的解决模式。

1. 回避或撤退

回避或撤退的模式就是让卷入冲突的项目成员从这一状态中撤离出来，从而避免发生实质的或潜在的争端。有时这种模式并不是一种积极的解决项目冲突的途径，例如，项目中某个成员对另一个成员提出的技术方案有异议，如果他采取回避或撤退的模式，把自己更好的方法掩藏起来，就会对项目工作产生不利后果。

2. 竞争或逼迫

这种模式的精神实质就是“非赢即输”，它认为在冲突中获胜要比勉强保持人际关系更为重要。这是一种积极的项目冲突解决方式。比如在上例中，如果该团队成员据理力争，项目必定会以更好的技术方式实施。当然，有时项目经理也会看到这种解决方式的另一种极端情形，用权力进行强制处理。例如，项目经理与某位成员就关于购买哪家原材料发生冲突，如果项目经理不顾原材料的质量和价格，强行命令要购买某公司的，这时就可能导致该成员产生怨恨心理，恶化工作氛围。

3. 缓和或调停

“求同存异”是这种模式的精神实质。这种模式的通常做法是忽视差异，在冲突中找出一致的方面。这种方法认为，团队成员之间的关系比解决问题更为重要，通过寻求不同的意见来解决问题会伤害团队成员之间的感情，从而降低团队的凝聚力。尽管这一方式能缓和冲突、避免某些矛盾，但它并不利于问题的彻底解决。

4. 妥协或折中

协商并寻求争论双方在一定程度上都满意的冲突解决方法是这一模式的实质。这一冲突解决的主要特征是“妥协”，并寻求一个调和的折中方案。有时，当两个项目方案势均力敌、难分优劣时，妥协也许是较为恰当的解决方式，但是，这种方法并非永远可行。例如，项目团队的某位成员认为完成管道铺设的成本费用大概是5万元，而另一人却说至少需要10万元，经过妥协，双方都接受了7万元的预算，但这也许并不是最好的预计。

5. 积极面对

每位团队成员都必须以积极的态度对待项目冲突，并愿意就面临的问题、冲突广泛交换意见。直接面对项目冲突是克服分歧、解决冲突的有效途径。通过这种模式，团队成员可以直接正视问题、正视冲突，并且可以得到一种明确的结果。这种模式既正视问题的结局，又重视团队成员之间的关系，从而为解决项目冲突提供了一套全面的解决方案。

以诚待人、形成民主的讨论氛围是这种模式的关键。分歧和冲突能激发团队成员的讨论，在解决冲突时，决不能夹杂个人的感情色彩，而要花更多的时间去理解把握其他成员的观点和方案，要善于处理而不是压制自己的情绪和想法。

在项目的冲突环境中，项目经理不仅要清楚项目冲突的可能来源，更要把握项目冲突的强度、性质，从而恰当选择解决项目冲突的模式。

关键点提示

解决项目冲突的模式是：

1.回避或撤退；2.竞争或逼迫；3.缓和或调停；4.妥协或折中；5.积极面对。

第5章

项目成本管理常见问题

任何项目的实施都是需要成本的。成本投入过少，资金不足，项目就难以进行下去；成本投入过多，则会造成资金、资源的浪费，企业财务出现亏空，使企业正常的生产经营活动受到严重影响，因此，管理者对项目成本实行科学的管理显得尤为重要。

项目成本管理，就是在项目的具体实施过程中，为了保证完成项目所花费的实际成本不超过预算成本而展开的项目成本预测、估算、控制等方面的管理活动。它可以确保项目在标准的预算内按时、保质、经济、高效地实现既定目标。

5.1　如何进行项目成本预测

工作场景描述

当想准确预测项目的成本时，可查看。

解读与分析

在一个项目开始实施前就要对项目的成本进行预测，这是项目成本管理的重要内容。在实际工作中，预测项目成本有以下方法。

1. 编制任务列表

项目成本预测工作的第一步，就是对每一个将会耗费金钱的工作细目编制完整的任务列表。在项目成本预测过程中，任何工作细目的遗漏都可能导致对整个项目成本的低估，进而影响项目规划和项目进度的安排，如果项目不能按时完成，会造成很大的损失。所以，尽管编制任务列表的工作执行起来很困难，但仍应尽全力完成。

2. 为项目工作分解细目配上相应的成本编码

做好项目工作分解的准备工作，并为每一个工作细目配上相应的成本编码，是从整体上把握项目的一种合理方法。这种方法可以减少在项目成本预测过程中出错或发生遗漏的风险。但是，在项目刚刚开始实施的时候，项目的工作分解仅仅只能进行到一种比较粗略的层次上，许多更细或更小的工作细目在进入设计阶段之前很可能是未知的或解释得并不准确。在很多情况下，直到项目合同签订很长时间，项目成交价格已成为不可改变的事实后，对项目进行细致的工作分解这项任务才可能成为现实。所以，项目承包者应对哪些工作细目编入最初的项目任务列表中的决定，给予高度重视。

3. 使用核查清单

所谓核查清单，就是一份完整的涵盖项目各方面因素如技术、商业法规、环境、社会、人员等开支的列表。

使用核查清单是防止在项目成本预测中遗漏工作任务的一条有效途径。有的核查清单可能是很长且详细的文件，通常包括所有编制该清单的工作人员所能设想到的各种可能出现的情况，所以其中不可避免地会出现一些与当前项目不相干的内容，有时也显得冗长乏味。但是，这种细节上的丰富性正是核查清单的优势所在，体现了其重要性。

4. 考虑软件工作任务

项目工作任务列表中不应当仅仅列出那些项目硬件作为工作细目，还应该包含每一个与项目相关联的软件工作。“软件”这个词在计算机及IT领域的项目中是很常见的术语，但很多与计算机工作毫不相干的项目也是有其自身的软件工作内容的。生产监督和检验进度表、使用维护手册、备用零件列表以及易耗零部件列表等文件和与其他在项目计划或合同中规定的文件一同被称为软件工作任务，通常都应考虑在成本预测工作中。这样才能提高成本预测的准确性。

5. 不要忽略容易遗漏的工作任务

在制造项目的成本预测过程中，生产作业活动常常被遗漏，包括像监督或者是检验这样的附属性工作任务。当这些遗漏的工作任务所耗费的成本被发现后，再被编入项目成本预算（或项目定价）中，已经显得有些晚了。在有的企业中，这部分成本可以列支在企业的日常管理费用中，但在大部分企业里，这类成本是必须作为直接成本来编制预算而不能列支于管理费用中的。

有时候，项目成本预测中还会遗漏掉更为重要的工作任务，比如在项目完工后项目产品的试运行、项目交付以及客户接收过程中项目承包方所必须承担的工作义务。

6. 考虑意外事件

考虑意外事件包括对不可预知成本（风险）的估计。如果风险没有发生，作为应急的资金就不会动用。但是，在预测项目成本时，一定要将这部分资金考虑进去，以防万一。

只有准确预测项目的成本，才能制订出合理的项目成本计划。准确预测项目的成本可以避免项目因资金问题而中断，所以准确预测项目成本是保证项目顺利实施的重要因素。

关键点提示

预测项目成本的方法有：

1.编制任务列表；2.为项目工作分解细目配上相应的成本编码；3.使用核查清单；4.考虑软件工作任务；5.不要忽略容易遗漏的工作任务；6.考虑意外事件。

5.2　如何选择项目成本估算的方法

工作场景描述

当想选择项目成本估算的方法时，可查看。

解读与分析

经验估算的速度较快，在很短的时间内可以获得数据，但是误差较大，适合作为机会研究和投资参考。

以科学的态度在项目设计和决策之前对项目成本进行必要的估算和预测，是保证项目顺利启动、实施并进行项目成本控制的前提条件。对项目进行成本估算通常有以下方法可供选择。

1. 经验估算法：适用于为项目提供投资参考

经验估算法，是利用同类项目的成本数据进行估算。譬如，计划的项目是在甲地建设一个花园工程，而同样规模的花园工程在乙地刚完成。那么，建设乙地花园工程的成本数据就可作为甲地花园工程成本的基础，再结合甲地的实际情况就可估算出拟建项目的成本。这种方法对做估算的人有较高的要求，估算者不仅需要掌握足够的专业知识，还必须有丰富的项目建设经验，以保证估算的精确度。

利用经验进行项目成本估算的优势是可以在很短的时间内获得大致的项目成本数

据，但由于影响项目成本的因素较多，同类项目在不同时间或不同地点的投资额可能会有很大差别，所以，这种估算的误差较大，因此，经验估算法主要适用于机会研究，作为提出项目时考虑投资的参考。

2. 趋势估算法：以过去同类项目资料为基础进行估算

这种方法又称外推估算法、因素估算法，是一种比较科学的方法。其前提条件是，过去对项目成本产生影响的各种因素在现在和将来仍然起作用，而这种作用的延续趋势即为估算项目成本的依据。具体做法是：以过去建设同类项目的资料为基础，运用一定的数学方法进行加工、处理和推理，从而估算项目成本。

影响项目成本的因素较多，主要有设备、材料、人力、管理、利息等因素。这些因素与项目的规模有关，当项目的规模达到一定程度时，可估算出每个因素的值，然后将之汇总，从而得到整个项目的成本估计。利用趋势估算项目成本，必须具备两个条件：一个是充足的同类项目的历史资料，以找出各因素和项目规模之间的真正变化趋势；一个是可以通过正比价格计算，消除价格变动造成的影响，从而确定各因素和项目规模的相互关系。

另外，如果项目的地区已经确定或需要在几个地点进行选择，那么，在估算项目成本时还要将当地的自然和社会条件的影响因素考虑进去。

3. 主要部分估算法：主要估算数额大而计算不太复杂的事项

主要部分估算法，是将重点放在项目的主要部分，投入相当的财力、物力、人力进行详细估算，而次要部分可按经验估算法或趋势估算法进行估算。需要详细估算的内容，主要是设备投资、基础设施及主要原材料投资等数额大而计算不太复杂的事项。这些项目的投资在项目成本中占有很大的比重，对它们进行详细估算可以大幅度提高估算的准确程度。反之，那些内容比较复杂而费用又较少的事项可以用经验估算法或趋势估算法进行估算。

4. 详细估算法：耗时长、费用高，精确度也高

详细估算法要求对项目每一个环节的成本逐项落实，分别详细估算。这种方法耗时长、费用高，但其精确度也是前几种方法不可比拟的。

在项目实施的不同时期，可以分别使用上面的四种方法。在项目处于选择和计划阶

段的时候，只能采用经验估算法进行大致估算，当项目完成筛选之后，就可以进行详细估算了。

项目成本估算是项目成本分析的基础，也是安排项目进度的前提，所以，项目成本估算的精确度显得尤为重要。选择什么样的估算方法要依项目工作的特点而定。

关键点提示

项目成本估算的方法有：

1.经验估算法；2.趋势估算法；3.主要部分估算法；4.详细估算法。

5.3　如何掌握项目成本预算方法

工作场景描述

当想掌握项目成本预算方法时，可查看。

解读与分析

项目管理是一项系统化、科学化的任务。项目预算成本本身也有规律可循，因此，项目经理在进行项目成本预算的时候要遵循一定的方法，而不是想到哪里就随意预测。采用哪一种预算方法，主要与项目组织的决策系统有关。具体说来，主要有以下两种项目成本预算方法可供采用。

1. 自上而下的项目成本预算方法

这种预算方法的理论基础是上层、中层项目管理人员的经验和判断，这些经验和判断可能来自历史上类似或相关项目的数据。首先由上层和中层管理人员对项目的整体成本及构成项目的子项目成本进行估计，并将估计的结果传递给下一层管理人员。在此基础上，下一层管理人员对组成项目和子项目的任务和子任务的成本进行估计，然后继续向下一层传递他们的成本估计结果，直至传递到最基层。

这种预算方法的缺点是，当上层的管理人员根据他们的经验进行成本估计并分解到下层时，可能会出现下层人员认为不足以完成相应任务的情况，有时这会使项目的进行出现困难甚至走向失败。

自上而下的项目成本预算方法的优点是总体预算较准确，原因是上、中层管理人员的丰富经验往往使得他们能比较准确地把握项目整体的资源需要，从而使项目成本预算稳定在比较准确的水平上。

2. 自下而上的项目成本预算方法

自下而上的项目成本预算方法，是由直接参与项目的团队成员对其各自负责的项目成本（包括原材料）进行直接估算，最后由项目经理在此基础上加上适当的间接成本，例如一定的管理费用、意外准备金等，从而形成项目整体成本的一种预算方法。

进行这种项目成本预算的管理者，要对所有工作任务的时间和预算进行仔细考察，以便尽可能精确地预测。意见上的差异可以通过上层和下层管理人员之间的协商来解决。如果必要，项目经理可以参与到讨论中来，以保证预算的精度。所有工作任务的预算综合起来便形成了项目整体成本的直接估计。

自下而上项目成本预算的优点主要体现在两方面：一方面是与高层管理人员相比，直接参与项目建设的团队成员更加清楚项目涉及活动所需要的资源量；一方面是由于预算出自日后要参与项目实际工作的团队成员之手，可以避免引起争执和不满。

无论是采用自上而下的项目成本预算方法，还是采用自下而上的项目成本预算方法，其目的都是为了合理预测项目成本，企业选择哪一种方法要根据不同组织的特点来决定。

关键点提示

项目成本预算的方法有：

1.自上而下的项目成本预算方法；2.自下而上的项目成本预算方法。

5.4　如何建立项目成本控制程序

工作场景描述

当想建立项目成本控制程序时，可查看。

解读与分析

成本控制程序是为了控制成本而建立的一套操作标准和机制，其目的是更有效、更方便地为控制成本服务。要想对项目成本进行控制，必须建立一套有效的成本控制程序。项目成本控制一般包括以下程序：

1. 制订项目成本控制标准

要对各项费用进行控制就要制订定额标准，作为检查、衡量、评价实际成本水平的依据，而标准的合理性是成本控制的关键。实际工作中常采用平均先进法制订成本标准。企业在制订定额标准时通常是按直接材料费、直接人工费和间接费用分别制订的。

（1）直接材料费。直接材料费标准是分别依照每种产品的零部件制订的。消耗量标准是确定直接材料费标准的基础，一般应根据产品的设计文件提供的资料计算。直接材料的标准价格一般采用企业规定的单位计划价格。

（2）直接人工费。直接人工费是指直接从事产品制造的工人工资及奖金津贴等。直接人工费标准是按照每一种产品的零部件的不同作业分别制订的。

（3）间接费用。间接费用是指不能直接计算某种产品成本，需要按一定的比例在有关产品之间分配的费用。间接费用一般不能制订消耗定额，或者不便于制订消耗定额。

2. 控制成本的形成过程

为了降低成本、减少浪费，成本控制需要落实到每一个环节，再根据每一个环节中成本形成的不同特点进行监督、控制。在产品设计阶段应主要根据目标成本控制设计成本；在产品生产制造阶段应根据定额成本控制产品成本；对于间接费用的控制主要是通过编制切实可行的计划、预算来控制费用支出。

3. 揭示成本差异，分析成本差异形成的原因

成本差异是用实际成本与成本目标和成本预算相比较计算出来的。其用来确定成本是节约还是超支，分析其形成原因，确定责任归属，并作为对成本责任单位进行考核和奖惩的依据。通过分析成本差异，企业可以发现不合理的成本定额，完善成本标准，采取切实可行的改进措施，以达到降低成本的目的。

一般而言，成本差异主要集中在三方面：直接材料费差异、直接人工费差异和间接费用差异。

（1）直接材料费差异。实际材料费与标准材料费的差额即为直接材料费差异，也称为材料成本差异。直接材料费差异应按产品生产所用材料种类，从价格差异和数量差异两方面进行比较分析。

（2）直接人工费差异。直接人工费差异是指实际人员工资支出与标准工资（预定工资）之间的差异，也称为工资成本差异。比较实际人工费与标准工资，可以计算出工资成本的差异。

（3）间接费用差异。固定间接费用差异和变动间接费用差异，都是费用预算开支超过或低于费用标准而产生的。间接费用一般都是按部门征集费用或制订预算，因此，计算间接费用差异原则上要在一定期间按部门计算差异。间接费用差异的影响因素主要有分配率和工时，可用分配率差异和工时差异来表示它们。

对于固定费用，一方面应以上一年度实际数为标准，控制费用总额，使之不超过标准预算数。对一些细目可以按部门计算固定费用成本差异；另一方面月终由财务部门计算其因产量变动致使每件产品多分摊或少分摊的固定费用数额。

4. 成本反馈控制

通过以上几点计算成本差异，分析成本差异产生的原因，可找出问题所在及出现问题的原因。但是要想控制成本，必须将成本信息反馈到有关责任部门，使其能够迅速采取措施，保证成本目标的完成。为了将成本信息及时、准确地反馈到有关责任部门，企业应建立一个完善、有效的内部信息系统。

（1）建立健全的成本管理的基础工作。

（2）通过一套积极有效的监控手段，由各部门负责对每日的成本进行核算监督并及时解决问题。

（3）企业内部上下级及部门之间能做到快速沟通与配合，以便及时准备所需要的信息和相应资料。

建立成本控制程序是为了有效控制项目的成本，促进成本效益的最优化。

关键点提示

项目成本控制的程序有以下几点：

1.制订成本控制标准；2.控制成本的形成过程；3.揭示成本差异，分析成本差异形成的原因；4.成本反馈控制。

5.5　如何控制项目成本

工作场景描述

当想控制项目成本时，可查看。

解读与分析

项目成本控制的重要性是不言而喻的。要想有效地控制项目成本，关键在于经常分析成本是否实现了既定的工作绩效，尽早发觉实际成本和预算成本之间的差异，以便在情况恶化之前采取纠正措施。成本一旦失控，想要在预算内完成项目是非常困难的。那么，应当如何进行成本控制呢？

1. 考察工作活动

如果既定的成本没有实现既定的工作绩效，企业就要集中全力考察项目中出现成本差异的子项目或工作任务。

对于存在成本差异的子项目或工作任务，为了减少成本开支，需要特别关注两大类工作活动。

（1）考察近期或正在进行的工作活动。不要想象在以后的某一时期，该子项目或工作任务中其他活动成本的降低会自动抵消已出现的成本超支，如果拖到以后的某一时期再采取纠正措施，事情只会越变越糟，超支会进一步加大。马上行动，会给企业留有充分的成本调整余地。

（2）考察需投入预算成本较大的工作活动。通常某一工作活动需投入的预算成本越大，可以调整成本的空间和可能性也越大。因此，企业要对这类活动进行考察，看预算成本是否存在超支情况。

2. 调整项目计划

有时，通过项目的实施，企业会发现无论项目团队如何努力，成本如何节约，始终都难以达到项目计划的要求。错误出在什么地方呢？是选错了项目的建设地址？选错了开工日期？还是时运不济呢？这时企业需要重新检查项目计划。无论企业的管理经验多么丰富，项目团队如何团结努力，设备如何精良，过于宏大的计划终究是可望而不可即的。调整项目计划，需要考虑项目的工作范围是否适当，技术性能是否要求过高，预算成本是否过于紧张，项目进度是否合理等，这些因素通常相互影响，企业在调整时需要全盘考虑。

3. 增加项目预算或降低项目技术难度

当项目成本处于失控状态时，如果确定为非人为因素（如项目预算过于紧张，客户要求技术性能太高），也可以同客户重新协商，采取一些特别的调整措施，例如适当增加项目预算，降低项目技术难度等。

在很多情况下，为了控制成本的超支，需要同时或交替使用多种方法，这比单纯使用一种方法更为有效。

有效控制成本是项目经理必须掌握的一项技能，只有成本得到有效的控制，项目才会沿着正确的轨道发展，否则就可能出现项目超支的情况，导致资金浪费。

关键点提示

控制项目成本的具体措施有：

1.考察工作活动；2.调整项目计划；3.增加项目预算或降低项目技术难度。

5.6 如何合理运用项目成本控制方法

工作场景描述

当想合理运用项目成本控制方法时，可查看。

解读与分析

想要有效控制项目成本，必须掌握成本的控制方法。以下是一些具体的项目成本控制方法。

1. 偏差控制法

偏差控制法，是在制订出计划成本的基础上，通过成本分析方法找出计划成本与实际成本间的偏差并分析产生偏差的原因与变化发展趋势，进而采取措施以减少或消除偏差，实现目标成本的科学管理方法。

成本控制的偏差有三种：一是实际偏差，即项目的预算成本与实际成本之间的差异；二是计划偏差，即项目的计划成本与预算成本之间的差异；三是目标偏差，即项目的实际成本与计划成本之间的差异。它们的计算公式如下：

实际偏差=实际成本-预算成本

计划偏差=预算成本-计划成本

目标偏差=实际成本-计划成本

成本控制的目的是尽量减少目标偏差。目标偏差越少，说明控制效果越好。由于“目标偏差=实际偏差+计划偏差”，所以要想减少项目的目标偏差，只有采取措施减少施工中发生的实际成本偏差。因为计划偏差一经计划制订，在执行过程中一般不再改变。

运用偏差控制法的程序如下。

（1）找出偏差。在项目实施过程中定期地（每日或每周）、不断地寻找和计算三种偏差，并以目标偏差为对象控制。通过在施工过程中不断记录实际发生的成本费用，然后将记录的实际成本与计划成本进行对比，从而发现目标偏差。

（2）分析偏差产生的原因。通常采取的方法是因素分析法。将成本偏差的产生原因归纳为几个相互联系的因素，然后用一定的计算方法从数值上测定各种因素对成本产生偏差的影响程度，据此找出偏差的产生是由哪种成本费用增加而引起的。

（3）纠正偏差。在明确成本控制目标，发现成本偏差，并经过成本分析找出产生偏差的原因后，必须及时采取措施，把成本控制在理想的范围内，以保证目标成本的实现。

2. 定额成本控制法

定额成本控制法，是以定额成本作为控制和分析成本的依据，通过事前制订定额成本、事中按定额成本实施控制、事后计算和分析定额差异，对成本形成过程进行全面控制，从而将成本计划、成本计算和成本控制融为一体的控制方法。采用定额成本控制法可使企业及时发现各种费用的节约和超支情况，从而采取措施，有效控制超额费用的发生。定额成本控制法有利于各项费用定额差异及定额变动差异在完工产品和在造产品之间的合理分配。此外，定额成本控制法还对提高成本的定额管理和计划管理水平具有促进作用。

3. 进度—成本同步控制法

即运用成本与进度同步跟踪的方法控制项目成本。

长期以来，许多人认为计划是为安排项目进度和组织流水作业服务的，与成本控制关系不大。其实，成本控制与计划管理、成本与进度之间有着必然的同步关系，即项目进行到什么阶段，就应该发生相应的成本费用。如果成本与进度不对应，企业就要将其作为不正常现象进行分析，找出原因，并加以纠正。

4. 成本累计曲线法

成本累计曲线法又叫作时间—累计成本图（如图5-1）。它是反映整个项目或项目中某个相对独立的部分开支状况的图表，可以从成本计划中直接导出，也可利用网络图、条形图等单独建立。通常可以采用三个步骤做出项目的成本累计曲线。

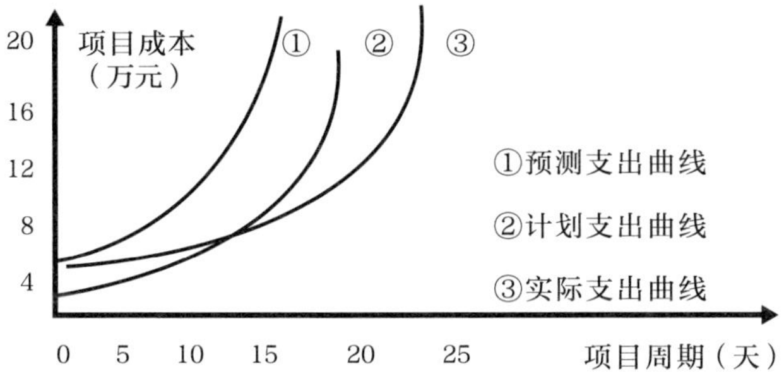

图 5-1　成本累计曲线

步骤一：建立直角坐标系，横轴表示项目的周期，纵轴表示项目成本。

步骤二：按照一定的时间间隔或单元累加各工序在该时间段内的支出。如果利用成本计划，就是各时间段的成本合计。

步骤三：将各时间段的支出金额逐渐累加，确定各时间段所对应的累计资金支出点，然后用一条平滑的曲线依次连接各点，即可得到成本累计曲线。在确定各时间段的对应点时，横坐标为该时间段的中点。

对项目进行控制，必须要学会选择成本控制的方法，分清每种方法的特点以及如何运用这些方法，才能使企业有效控制项目的成本。

关键点提示

控制项目成本的方法有：

1.偏差控制法；2.定额成本控制法；3.进度—成本同步控制法；4.成本累计曲线法。

5.7 如何加强目标成本控制

工作场景描述

当想加强目标成本控制时，可查看。

解读与分析

目标成本是企业在一定时期内为保证目标利润可实现，并作为全体员工的奋斗目标而设定的一种预计成本，是成本预测与目标管理相结合的产物。目标成本是企业目标体系的重要组成部分，它并不是孤立存在的，它与企业的其他目标之间有着相互制约、相互依存、相互保证、相互促进的关系。在目标执行过程中会存在许多消耗和费用，管理者应对这些消耗和费用进行有效的控制，避免浪费，实现既定的目标成本。管理者在加强目标成本控制时应掌握以下内容。

1. 确定目标成本控制的内容

（1）目标成本预测。目标成本预测是根据有关资料，运用一定的方法，对将来不同情况下可能发生的成本以及成本的变化趋势进行测算。有效的成本预测可以为成本决策、成本计划和成本控制提供及时、有效的信息，避免了决策、计划和控制中的主观性、盲目性和片面性。

（2）目标成本决策。目标成本决策是在目标成本预测的基础上，结合其他相关资料，综合运用定性和定量的方法，决定最优的成本效益方案。企业在经营过程中，要做出各种各样的决策，有建厂、改建、扩建、技改的决策，新产品设计决策，合理下料方案的决策，自制或外购零件的决策，经济采购批量的决策，薄利多销的决策，等等。

（3）目标成本计划。在目标成本预测与决策的基础上，还要通过一定的程序，运用一定的方法，以货币形式对计划期内产品的生产耗费和各种产品的成本水平设定标准，用书面文件的形式规定下来，作为目标成本执行和进行检查考核的依据，即为目标成本计划。通过成本计划管理，可以在降低产品成本方面给企业提出明确的目标，推动企业加强目标成本管理，明确成本责任，挖掘企业员工潜力。

（4）目标成本分解。目标成本确定以后，就要进行分解，并落实到部门和个人，使之成为各部门及个人的奋斗目标。在分解目标成本时应与部门和个人的岗位责任制及经济责任制结合起来，使分解的目标成本对单位和个人而言都是可以控制的，这样目标成本才能落到实处。目标分解的方法有以下几种。

①按组织结构分解目标成本。这种目标分解方法以组织结构为依据，将整个项目的目标成本分解到各个部门；然后再分解到班组，形成班组的目标成本；各班组再将其负责的目标成本分解到个人或岗位，形成岗位目标成本。目标成本层层分解，自下而上、层层保证的目标成本控制体系便得以形成。

②按产品结构分解目标成本。一般工业性产品的生产过程是由各种材料加工成零件，再由零件组装成部件，最后由部件组装成产品。因此，在实行目标成本控制时可按产品结构分解目标成本，从而构成零件目标成本、部件目标成本。

③按成本项目和成本特性分解目标成本。这种分解办法是以成本项目为对象，并参照成本项目的特征来分解目标成本。采取这种目标分解法有助于了解目标成本超支或节约的原因，以便有针对性地采取重点控制，为成本降低寻找途径。

④按成本形成过程分解目标成本。产品的形成要经过供应过程、生产过程和销售过程，在每一过程中成本有不同的表现形式，因此，可以按照成本形成过程将总目标成本分解为采购成本、制造成本和销售成本，这样便于按成本形成过程控制成本。

（5）目标成本核算。要根据产品成本对象，采用相应的成本计算方法，对生产费用进行汇集与分配，计算出各种产品的实际总成本、实际单位成本和责任成本，这个过程称为目标成本核算。目标成本核算既是对产品的实际耗费进行如实反映的过程，也是对各责任部门的各种费用实际支出的控制过程。

（6）目标成本分析。以成本核算及其他有关资料为基础，运用一定的方法，揭示目标成本水平的变动状况，通过对影响成本变动的各种因素、原因以及应负责任的部门和个人的研究分析，提出积极的建议，进一步降低产品成本。

（7）目标成本检查。管理者要加强成本监督，通过检查企业目标执行的各项工作，找出问题，明确责任，从而保证成本制度和财经纪律的贯彻执行，改进目标成本管理。

目标成本检查一般包括：检查企业目标成本管理责任制的建立和执行情况；考察目标成本管理基础工作是否健全和完善；检查成本核算方法程序是否真实，数据是否可靠等。

（8）目标成本考核。管理者应定期对成本计划及其有关指标的实际完成情况进行总结和评价，这样可以鼓励先进，鞭策后进，监督和促使企业各部门和员工加强成本管理，履行成本管理责任，提高目标成本管理水平。目标成本考核大多在企业内部车间、部门以至班组、个人之间进行。

2. 明确目标成本控制的注意事项

为更好地进行目标成本控制，管理者应注意以下问题。

（1）全面控制。目标成本控制应包括企业为实现目标而进行的各种活动。

（2）全员控制。目标成本涉及企业所有部门和全体员工的工作实绩。实行目标成本控制，提高效益，就必须充分调动每个部门和员工的积极性，使他们主动控制目标执行中的各项费用。控制目标成本需要全员参与，上下级协商，使每个人既有明确的成本管理方向和任务，又有确定的成本责任。

（3）综合控制。目标成本控制是一种综合性的成本经营，管理者要综合运用各种成本管理方法以及其他有关的管理方法，来为目标成本控制服务，从而保证目标成本的实现。

（4）责、权、利相结合。要真正发挥目标成本控制的作用，还必须将责、权、利相结合。任何一个成本控制中心在计划开始以前，都应根据全面预算指标进行层层分解，进而编制本中心的成本预算。若要成本控制中心完全承担责任成本，就必须赋予他们在规定范围内具有决定某项成本能否开支的权利。如果没有这种权利，就根本谈不上有效的成本控制。此外，为了充分调动各个成本控制中心在目标成本控制中的主动性和积极性，还必须定期对它们的实绩进行考核和评价，既做到奖优罚劣、奖惩分明，又做到公正、公平，促使每个员工为保证成本得到有效控制而努力。

（5）采用适合的技术和信息。控制技术和信息是进行有效目标控制的手段。不同的控制技术和信息对不同的目标控制人员有不同的作用，因此，管理者必须根据具体情况灵活运用。

（6）注重效益。管理者在目标成本控制过程中，还要把提高或保证资本最大增值盈利作为目标成本控制的出发点。目标成本直接决定着企业的增值效益，因此，目标成本控制工作要以提高企业经济效益为目的，注重成本效益分析，用实际成果来评价、衡量各部门、人员的工作绩效。

总之，目标执行过程中涉及许多花费，管理者应该加强对执行成本的控制，应以实现目标利润为目的，依照确定的目标成本，运用先进的管理方法和手段，对生产经营全过程的耗费实施严格的控制管理，这样才能把损失和浪费消灭在发生之前。

关键点提示

1.目标成本控制的内容包括：

（1）目标成本预测；（2）目标成本决策；（3）目标成本计划；（4）目标成本分解；（5）目标成本核算；（6）目标成本分析；（7）目标成本检查；（8）目标成本考核。

2.进行目标成本控制应注意以下事项：

（1）全面控制；（2）全员控制；（3）综合控制；（4）责、权、利相结合；（5）采用适合的技术和信息；（6）注重效益。

5.8　如何合理控制财务费用

工作场景描述

当要合理控制财务费用时，可查看。

解读与分析

合理控制财务费用，使项目的财务状况呈良性状态是保证项目顺利进行的前提条件。同时，保持企业良好的财务状况也是对项目经理管理能力的考验，因此，项目经理要采取有效的方法控制财务费用，保证财务的合理运行。控制财务费用一般有以下几种方法。

1. 合理控制采购订单时间

项目经理可以通过合理的方法来安排下订单的时间，将项目的财务成本降至最低。下面介绍两种方法。

（1）使用进度松弛时间来拖延下达采购订单的工作。要注意，订单拖延的时间过久，会产生反作用，造成所需材料不能按时到货的情况，因此，在交货周期之外保留一个余量，为可能发生的交货问题留出一定的松弛时间，可以减少这种风险。

（2）延迟下达采购订单。订单拖延的时间过长，可能会等来价格上涨的结果，这种损失可能会比节省的利息要多很多。一种可能避免这种情况发生的做法是：在不承诺交货日期的前提下，与供货商“锁定”价格。如果项目本身需要供货商提供样图，那么，项目经理可以先订购一个“工程图”，以后在合适的时间再下达硬件的采购订单。延迟下达采购订单的做法可以应用到项目的各个阶段，尤其是在资金成本非常高的情况下。通过这种做法，项目经理可以有效利用手中的松弛时间。。

2. 延付货款

项目经理常常可以通过下达包含后延付款条款的订单，利用供货商来“为项目融资”。项目经理应该考察供货商的定价结构，以确定分期付款的方式是否会降低总体价格，并为项目带来净利润。

3. 分期付款

尽管项目经理往往无法控制分期付款的期限结构，但是正确安排分期付款的时间可以抵消项目全部或大部分的财务费用。项目经理通过安排客户分期付款的期限，可以将现金流入的期限结构同现金流出的期限结构对应起来。换句话说，实际上，有利的付款期限结构可以为项目保持一个正的现金头寸，这会为项目创造利息收入，而不必承担现金短缺所造成的利息支出。

4. 降低保留金

项目经理在项目接近完成的时候，可以对保留资金（保留金）和最终付款施加影响，以加快项目的现金流入速度。项目进度的拖延会使项目的接收工作相应后延，并进而拖延最后的付款。反之，只要有可能加快项目接收速度，并获得一个有利的利息费用缩减，项目经理就应该考虑投入保留资金以加快项目运行速度。

5. 在最短的时间内回收投资

对于那些从内部融资的项目来说，保留金、分期付款和一些与客户有关的财务考虑都不起作用，管理层期望的是在最短的时间内回收投资。在这种情况下，项目的各项花费是一个持续的现金流出过程，在项目完成和开始累计利润之前是无法保留的。那些不必要的项目拖延、进程游离和长期的考察工作都会使系统开工的时间后延，并拖延资金回收的过程。越早完工，投资回收的过程开始得就越早。因而，项目经理在计划和控制项目工作的时候，应该考虑管理层回收投资的目标。同时还应考虑，如果在完工阶段增加投资可以缩短工作进度，那么项目回收期的开始也会相应提前。

以上是控制财务费用的一些方法，在实践中企业要根据具体情况适时采用，以加快企业的财务周转。

关键点提示

财务费用控制的方法有以下几种：

1.合理控制采购订单时间；2.延付货款；3.分期付款；4.降低保留金；5.在最短的时间内回收投资。

5.9　如何有效地节省项目成本

工作场景描述

当想有效地节省项目的成本时，可查看。

解读与分析

项目经理一定要在项目实施的各个阶段尽量节省项目成本。对成本控制的效果是衡量项目经理工作绩效的一个指标。

节约成本通常有以下方法。

1. 对设计方案进行评估

在项目开发阶段，对各种设计方案进行评估，并对折中方案进行研究，这样既可以降低项目成本，又无须牺牲项目产出的技术质量。在项目初始设计阶段应用价值工程原理，也可以缩减项目成本。

2. 避免多余的安全措施

应该避免过多使用那些为了保证特定绩效所要求的安全措施。项目团队中来自职能部门的员工，常常会为了满足技术要求而过分应用安全措施，这种多余的工作会增加项目成本。作为职能部门的员工，应该有能力判断哪些投资是为了保证绩效结果而必须付出的。

3. 项目工作必须得到严格的控制

项目工作必须得到严格的控制。职能部门不应该为了改进、精炼项目计划或调查那些遥不可及的潜在风险而插手项目工作。一旦职能性工作达到项目经理的要求（满足了该项目任务的目标），就需要砍掉多余的费用，以防止名目繁多的费用堆积成山。

4. 对应急预算资金进行控制

项目经理通常对控制项目的应急预算资金负有责任。这部分预算资金是准备在项目开始显露出无法实现特定目标迹象的时候使用的，因而，这些资金必须得到认真的控制，以避免被随意挥霍。职能团体对应急预算提出的资金需求必须得到确认，而且这些资金只能在职能团体尝试其他解决方法之后才能谨慎地支出。用应急预算资金为项目工作范围的变化融资，对项目经理和企业管理层来说都是不利的。管理层必须清楚地认识到变化的真实成本，这样才能使投入的资金落到实处。

5. 资源设备购进要“货比三家”

在采购设备、原材料和分包服务的过程中，必须清楚地界定特定的需要，并且还要找到最低的采购价格和最具竞争力的供应商。在项目进度计划中应该为“货比三家”留出足够的时间。

6. 在完整信息的基础上签订采购合同

避免根据不完整的采购信息去采购原材料。应在项目进度计划中为招标前准备完整说明采购资料的工作留出足够的时间。如果采购合同的签署是建立在不明确信息的基础上，而供货商随后又要求改变标的的最初范围，那整个项目就会被供货商所操纵。

7. 项目范畴和资金配置计划的改变要得到客户和管理层的准许

项目范畴和资金配置计划不应该在没有得到客户和管理层准许的情况下加以改变。未经允许就擅自做出改变会侵蚀项目预算，降低项目的赢利能力，同时也会使项目经理满足成本要求的工作变得非常困难。

8. 建立“价格保护”应急预算

应急预算是为项目在执行过程中出现的意外情况或没有预料到的情况而做的成本预算计划。在通货膨胀期间，项目经理必须有效应对经济环境对项目产生的影响，这就需要做好以下计划和估测工作：

（1）建立“价格保护”应急预算，以抵消在供货商提出报价和实际签署订单的时期内发生的成本上涨。

（2）一些包含价格波动较大的原材料（如黄金、白银等）的部件可能不会以固定报价的形式出现，这类供应商提出报价的时候会标明“以交货时刻的价格为准”。在这种情况下，需要制订溢价应急预算，以抵消在下订单日期和交货日期之间增加的费用。一旦建立了这些防备价格上涨的应急预算，项目经理的工作就只剩下保证资金的合理使用了。

在保证项目目标实现的前提下，合理节约项目成本是项目取得成功的一个标志，因此，节约项目成本是项目经理有效管理项目成本的重要体现。

关键点提示

节省项目成本的方法有：

1.对设计方案进行评估；2.避免多余的安全措施；3.项目工作必须得到严格的控制；4.对应急预算资金进行控制；5.在资源设备购进上要“货比三家”；6.在完整信息的基础上签订采购合同；7.项目范畴和资金配置计划的改变要得到客户和管理层的准许；8.建立“价格保护”应急预算。

第6章

项目质量管控常见问题

一个项目成功与否，主要是看项目的质量是否符合标准，是否达到客户的要求。质量没有达到客户要求的项目是失败的项目。要使项目质量符合标准，必须对项目质量进行有效的管理和控制。项目质量管控包括项目质量规划、项目质量保证、项目质量控制和项目质量验收等环节。无论哪一个环节都可能影响项目的质量。可以说，对项目质量进行管理和控制是项目管理的重要职能之一，也是项目经理必备的管理技能。

6.1　如何制订项目采购计划

工作场景描述

当想制订出合理的项目采购计划时，可查看。

解读与分析

项目采购是从项目系统外部获得项目所需产品或服务的完整的采办过程。

项目采购过程一般包括确定采购需求、申请采购、项目询价、授权、合同管理等环节。项目采购工作是项目执行的物质基础和主要内容之一，兼顾经济性和有效性。规范化的项目采购，不仅可以促进项目顺利实施和按期完成，而且可以有效降低项目成本。要想做好项目采购工作，首先要制订出合理的项目采购计划。制订项目采购计划，应该做好以下几方面的工作。

1. 确定合适的采购方案

（1）通过一家总承包商采购所有或大部分所需要的货物和服务。例如，选择一家设计施工企业来完成一项基本建设设施；选择一家系统集成企业来研制某一电脑软件系统；成立一家合资企业承担一项工程项目。在这种情况下，从询价到合同终止的每个过程都只要实施一次。

（2）向多家承包商采购大部分需用的货物和服务。在这种情况下，从询价直至合同终止的每个采购过程，都要在采购过程中的某个时候为每一次采购活动实施一次。这种方案一般要有订货和采购专家的支持才能进行。

（3）采购小部分需用的货物和服务。这时，从询价直至合同终止的每个采购过程都要在采购过程中的某个时候为每一次采购活动实施一次。这个方案即使没有订货和采购专家的支持也能进行。

（4）不采购货物和设备。这种方案常用于研究和科技开发的项目（当实施组织不愿他人得到项目技术信息时）及许多小型的、机构内部的项目（当寻找和管理某种外部来源的费用可能超出潜在的节省费用时）。这时，从询价到合同终止的每个过程都不必实施。

2. 制订采购计划应考虑的问题

一般来说，制订采购计划至少需要考虑以下六个方面的问题。

（1）采购的设备、货物或服务的数量、技术规格、参数和要求。

（2）所采购的设备、货物或服务在整个项目实施过程中的哪一阶段投入使用？

（3）所采购的每一种产品间的联系。

（4）全部产品采购如何分别捆包？每个捆包应包括哪些类目？

（5）每个捆包从开始采购到到货需要多少时间？制订出每个捆包采购过程各阶段的时间表，并根据每个捆包采购的时间表制订出全部项目采购的时间表。

（6）对整个采购工作协调管理。

3. 制订采购计划的依据

采购不是简单地购进货物，采购计划也不是简单地陈述要买什么。制订采购计划必须依据一定的标准和条件。

（1）项目范围说明。范围说明书说明了项目目前的界限，提供了在采购计划过程中必须考虑的项目要求和策略的重要资料。随着项目的进展，范围说明书需要修改或细化，以反映这些界限的所有变化。范围说明应当包括对项目的描述、定义和详细说明需要采购的产品类目的参考图表及其他信息。具体包括以下内容。

①项目的合理性说明（设计说明书）。解释为什么要进行这一项目。项目存在的合理性风险是买方承担的。

②项目可交付成果（执行说明书）。这是一份主要的、属于归纳性的项目清单，其完整和令人满意的交付，标志着项目的完成。项目存在的执行风险由承包商承担。

③项目目标（功能说明书）。项目成功必须要达到的某些数量标准。项目目标必须包括费用、进度和质量标准。项目目标应当有属性、计量单位和数量值。未量化的目标会存在很大风险。

（2）产品说明。项目产品（项目最终成果）的说明，提供了有关在采购计划过程中需要的所有技术问题或注意事项的重要资料。项目产品说明在早期阶段一般比较粗略，后期则越来越详细，这是随着对项目成果特性的逐步深入了解必然产生的结果。虽然项目成果说明的形式和内容会改变，但其详细程度都应保证后期项目计划能够顺利实现。

（3）采购活动所需的资源。项目实施组织若没有正式的订货单位，则项目管理班子将不得不自己提供资源和专业知识来支持项目的各种采购活动。

（4）市场状况。采购计划过程必须考虑市场上有何种产品可以买到、从何处购买以及采购的条款和条件是怎样的。

（5）其他计划结果。只要有其他计划结果可供使用（如项目成本初步估算、质量管理计划等），则在采购计划过程中必须加以考虑。

（6）制约条件和基本假设。由于项目采购存在诸多变化不定的环境因素，项目实施组织在实施采购过程中，面对变化不定的社会经济环境所做出的一些合理推断是基本假设。制约条件和基本假设的存在限制了项目组织的选择范围。

4. 分析规划合理的采购方式

（1）自制或外购分析。对采购项目进行自制或外购决策分析，进而决定某种具体的产品（服务）是由自己来组织生产还是进行外购。此外，自制或外购分析还必须反映项目实施组织的发展前景和项目目前需求的关系，从而使项目在技术上最可行、经济上最合理。

（2）租赁或购置分析。根据项目对设备（服务）的利用率以及项目的财务状况，在保证项目预订要求的前提下，以项目实施的最低成本为标准，作出租赁或购置决策。

（3）自购或采购专家的介入。采购专家是指具有专门知识或经过专门训练的单位或个人。根据项目采购的内容和涉及的范围，结合自身的实际情况，聘请采购专家作为顾问或让其直接参与采购过程，从而为采购工作提供咨询服务。

（4）集中采购或分批采购。根据项目采购总量和金额的大小，按照采购管理的目的，确定存货的总成本最低的经济订货批量，使其能够保证项目的正常进度之需。

要保证项目的质量必须重视采购，要做好采购必须做好采购计划，只有这样，项目组才能挑选到质量有保证和价格有优势的产品。

关键点提示

制订项目采购计划需要做好的工作有：

1.确定合适的采购方案；2.制订采购计划应考虑的问题；3.制订采购计划的依据；4.分析规划合理的采购方式。

6.2 如何选择项目咨询人

工作场景描述

当想在采购过程中选择项目咨询人时，可查看。

解读与分析

项目咨询人是某方面的专家，他们的意见和建议往往会对项目起着很重要的参考作用。在项目实施期间，一般都需要咨询服务，比如工程监督和项目管理，审查承包人和供货商交收货物发票清单以及对合同文件进行解释等。

项目咨询人的选择依据是咨询公司及其人员的能力、资历、咨询效果、咨询费用、与客户的关系等。选择项目咨询人有以下步骤。

1. 确定咨询任务

这一阶段的任务有：确定咨询的任务目标；明确咨询的服务范围；制订咨询报告和时间进度表；确定项目单位对咨询的投入，包括为咨询人员提供的办公室、交通工具、资料、其他服务和设施。

2. 估算咨询费用

项目单位就拟订的咨询任务做出费用估算，费用的多少应视所要求的人力、物力而定，包括人员的类别和水平，在现场和办公室工作所需时间，物资投入以及服务所需的其他事项。

咨询费用包括咨询公司工作人员费用，当地工作人员费用，交通费用，旅途中住宿费用，车辆、办公设备、工程设备、电传服务、报告复印等费用调查过程中的花费，生活津贴等。

3. 刊登广告物色咨询人

对咨询费用超过20万元的咨询合同，应至少在一家国内有影响力的媒体上刊登广告。这样可以扩大宣传的范围，同时可以扩大选择对象的范围。

4. 确定咨询人名单

为避免甄选过程过于复杂，咨询人名单不宜过长，项目单位应首选那些对企业的项目有兴趣又有资格的咨询人，人数以3~6名为宜。

项目咨询人只是对项目提供参考意见的人，不是项目的管理者。

5. 准备并发出建议书邀请函

项目单位向咨询人发出建议书邀请函。建议书包括：建议邀请函、咨询人须知、技术建议书、财务建议书、任务纲要、合同方案等。

6. 对咨询人进行评审

（1）质量评审。质量评审的内容主要有：咨询人在咨询服务领域的经验如何；所建议的工作计划是否适宜，其质量如何；咨询小组中关键人员的资格和能力如何；咨询人是否同意对项目单位进行知识转让；执行任务所需关键人员中本国人员的参与程度如何。其中，对关键人员的资历和经验的评审是通过履历表来审查的。履历表要求由授权的人员和被推荐的专家本人签字。评审标准如下。

①一般资格，包括所受的教育和培训、资历、现任职务及在该企业工作的时间，包括此人与该项任务相近的工作经历等。

②是否从事过类似工作，包括在该行业、领域、学科的经验，与特定任务相关的教育程度、培训等情况。

③在该地区的经历情况，对当地语言、文化、管理体制、政府机构的了解等情况。

质量评审结束后，由项目单位编制评审报告，详细说明评审依据和结果。

（2）费用评审。费用的评审需要完成两个阶段的程序，即技术建议和财务建议。需要注意的是，在评审费用的时候要先评审技术建议，再评审财务建议，并使两个阶段程序保持完整连贯。只有这样，才能保证费用评审的客观和准确。

（3）质量和费用综合评审。在经过质量评审和费用评审两个选择程序以后，对综合考虑各因素后评分最高的咨询人，应邀请其进行谈判，签订合同。

7. 与咨询人谈判和签订合同

项目单位与咨询人就咨询合同进行谈判，以明确双方意愿，进而签订咨询合同。谈判内容应包括：咨询人的工作计划；咨询任务的确定；咨询人员组成及要求；项目单位对咨询的投入，如购买办公设施、为咨询人提供报酬等；编制咨询工作进度表；财务谈判；制订人（月）费率；旅行费用；其他可报销费用、生活津贴、付款安排等。当谈判完毕决定与某个咨询人签订合同时，项目单位应通知其他咨询人，告诉他们未被选中。

关键点提示

选择项目咨询人的步骤有下列各点：

1.确定咨询任务；2.估算咨询费用；3.刊登广告物色咨询人；4.确定咨询人名单；5.准备并发出建议书邀请函；6.对咨询人进行评审；7.与咨询人谈判和签订合同。

6.3 如何选择项目供应商

工作场景描述

当想根据产品要求选择项目供应商时，可查看。

解读与分析

制订好采购计划之后，接下来就是要根据产品要求找出潜在的供货来源，并进行资源分析，从而选择供应商。

建立良好的市场信息机制是考察供应商的基本方法，也是最重要的方法。

为了更好地选择供应商，项目单位在采购之前就应该熟悉市场情况，掌握有关项目所需要的货物及服务的市场信息。缺乏可靠的市场信息，往往会导致错误的判断，从而给项目单位带来损失。选择供应商，需要考察供应商提供的货物的质量、价格以及售后服务等因素，因此，项目单位必须建立良好的市场信息机制来考察供应商提供的产品。一般要做好以下三个方面的工作。

1. 建立供应商提供的货物信息档案

建立重要的货物来源记录，以便随时了解不同的供应商所能供应货物的规格、性能及其可靠性的相关信息。

2. 建立价格目录

建立价格目录是为了把相同或类似的货物进行比较，从而挑选出具有价格优势、质量有保证的、符合采购标准的产品。建立价格目录可以方便项目单位利用竞争性价格得到好处（如商业折扣）。

3. 公开招标或直接询价

在现有市场信息的前提下，根据项目对产品或服务的要求，项目单位可以采取公开招标或直接询价的方式选择供应商。如果是招标，则招标公告一定要写好，而且要做到公平竞争，即应给符合条件的所有供应商提供均等的竞标机会。这不仅符合市场经济运行原则，而且也会进一步提高项目实施质量。同时公平竞争又会促使报价降低，因而对项目的成本控制更为有利。

总之，项目单位在选择供应商时，应货比三家，不仅要考虑价格因素，还要考虑质量因素，及供应商的技术水平、经济实力、信誉等，选择最具实力、信誉良好的厂家，从而保证货物或服务能够按时、按质、按量地满足项目实施的要求，力求以最低的成本取得最佳的效益。

关键点提示

选择项目供应商要做好以下三个方面的工作。

1.建立供应商提供的货物信息档案；2.建立价格目录；3.公开招标或直接询价。

6.4 如何进行项目询价采购

工作场景描述

当想对供应商的报价进行比较以确定具有竞争性的价格时，可查看。

解读与分析

项目询价，就是根据项目的要求、资源的具体情况，取得报价、标价或建议，即从预期的供应商那里获取有关满足项目需求的意见反馈。询价采购是对多家供应商（通常至少三家）的报价进行比较以确定具有竞争性价格的一种采购方式。这种方式无须正式的招标文件，具体做法同一般的对外采购方式区别不大，只不过要对多家供应商的报价进行比较，最后确定采购的厂家。

项目询价的方式多种多样。采购方式的不同，询价的方式也有所不同，但一般都包含以下步骤。

1. 制订项目询价计划

（1）采购文档。主要包括供应商名单以及可能供货的项目、与项目有关的说明书、对于期望答复形式的说明书和所有必要的合同条款。采购文档既要严格，又要保证答复的一致性和可比性，同时还要有一定的灵活度。

（2）采购评价标准。评价标准用于对建议书进行排序或评分，以便确定采购项目的来源及购买价格。

（3）采购计划报告。主要列出合格的供应商清单及其可能供货的类型、技术参数或相应的技术资料、供货日期及交货方式、后期服务项目。

2. 通过招标获取货物或服务的报价

项目单位将所需的采购物资类目、性能规格、质量要求、数量等，以招标的形式广泛告知各大供应商。供应商可以竞争投标，项目单位可以从标书中获知所需货物或服务的价格，经过对各供应商的实际情况综合考虑以后再进行选择。

3. 直接询价

询价采购即项目单位直接向有关供应商征询货物或服务的价格，然后通过比较，挑选具有价格优势和质量优势的产品。询价采购适用于可直接取得的现货采购，或价值较小、属于标准规格的产品采购，有时也适用于小型、简单的工程承包。

总之，询价采购要货比三家，从而选择有质量保证和价格优势的产品。

关键点提示

项目询价采购的步骤是：

1.制订项目询价计划；2.通过招标获取货物或服务的报价；3.直接询价。

6.5　如何进行项目招标采购

工作场景描述

当想进行项目招标采购时，可查看。

解读与分析

招标是在公开、公平、公正、诚实守信的原则下，由招标人和投标人经过要约、还约、承诺、择优评定，最终形成合同关系的一种交易方式。项目招标采购是保证挑选到最佳投标人的一种有效措施，不仅可以规避市场风险，保证项目的顺利完成，而且可以使资源得到最佳配置。一般项目招标采购要经历以下七个步骤。

1. 成立招标小组

招标小组应有项目承办单位法人代表或其委托代理人，有与项目规模相适应的技术、预算、财务和管理人员，并有对投标单位进行资格评审的能力。对不具备上述条件的项目承办单位，可由其上级主管部门、项目咨询机构、项目招标单位、项目设计单位、有关银行或投资单位及有关专家组成招标小组。对国际竞争性招标，必须委托具有相应资格的招标公司或具有相应招标能力的外贸公司代理招标。

招标采购是现代物资采购的主要方式，它贯彻了公开、公正、公平的原则。

2. 编制招标文件并确定标底

招标文件一般包括以下几项。

（1）招标邀请书和投标人须知。

（2）合同的通用条款及专用条款。

（3）项目对货物（服务）的要求一览表（格式）、技术规格（规范）、图纸。

（4）投标书格式、资格审查需要的报表、采购类目及数量清单、报价及规格一览表、投标保证金及其他补充资料表。

（5）双方签署的协议书格式，履约保证金格式，预付款保函格式等。

3. 发布招标公告或招标邀请通知

招标公告（招标邀请通知）主要包括：项目名称，项目建设地点，项目内容概要，投资来源，采购招标内容、规格、数量和技术要求，采购期要求，购买采购招标文件的日期和地点，采购招标文件的价格，投标地点，投标截止日期（必须写全年、月、日）和开标时间（一般与投标截止日期相一致或只相差几个小时），招标采购单位的地址、通信地址及邮编、电话、传真、电子邮箱等。

4. 预审投标人资格

主要内容包括：投标人的法人地位、资产财务状况、人员结构、技术力量、技术装备状况、企业信誉及业绩等。

5. 文件答疑

在正式开标前，招标采购单位通常要举行一次标前会议。标前会议是招标采购单位给所有投标人提供的一次答疑机会。投标人应将自己对招标文件中的疑问整理成书面文件，在标前会议上当场要求澄清。招标采购单位在答疑的同时，应在必要时提供项目相关的技术资料。答疑会上解答问题的所有记录整理成文，并作为招标文件的组成部分发给所有投标人。对投标人资格的审核是招标时要考核的重要因素，它决定了中标者是否有能力完成任务。

6. 开标与评标

（1）开标。开标是在招标公告事先确定的时间、地点，召集评标委员会全体成员、所有投标方代表和有关人士，在国家公证人员监督下，将密封的投标文件当众启封，公开宣读投标单位名称、投标采购项目、报价等，并一一记录在案，由招标方法定代表人签字认可。

（2）评标。一般在投标文件被澄清的基础上，经过初评、评审比较两个阶段，选定中标人。

（3）撰写评标报告。评标委员会按预先确定的评标标准，对每份合格的投标文件，从技术、规格、商务等方面进行分析评价，得出结论，并做出评标对比表和评标报告，选出2～3家进入预中标人名单。

7. 项目决标与授标签约

评标委员会在评标对比表和评标报告的基础上，选出一个技术可行、标价合理、服务良好、质量和进度都有保障的最佳投标者为中标人，为预防第一中标人弃标，要同时选出第二、第三中标人以作为替补。

招标采购单位应在确定中标人后2日内向中标人发出中标通知书，并在发出中标通知书之日起15日内与中标人签订合同，合同价等于中标价。

关键点提示

项目招标采购的步骤是：

1.成立招标小组；2.编制招标文件并确定标底；3.发布招标公告或招标邀请通知；4.预审投标人资格；5.文件答疑；6.开标与评标；7.项目决标与授标签约。

6.6 如何管理项目合同

工作场景描述

当想管理项目合同时，可查看。

解读与分析

在项目管理过程中，项目经理通常就是实际上的项目合同管理人。

合同是双方当事人依照法律规定达成的协议，合同一旦签订，就具有法律效力，因此，作为项目经理应该好好利用和管理合同，这样才能使企业的利益受到法律保障。管理项目合同一般要做好以下工作。

1. 掌握实际的指导方针

大部分项目经理都不是律师，但是他们的工作会涉及合同磋商与管理程序，因此要掌握一些基本的法律指导原则。

（1）通过律师事务所的帮助，熟悉合同磋商与管理的一些基本情况。

（2）确认项目经理与项目有关的法律后果和责任。

（3）项目经理必须掌握：合同的基本谈判过程；合同中存在的限制责任和风险划分的条款；在没有疏忽的情况下对合同的管理方法。

2. 掌握合同磋商的技巧

磋商是拥有不同利益的双方当事人，通过沟通和让步达成协议的过程。在任何磋商中，项目经理有必要做到以下几点。

（1）将个人情绪与合同的争议区分开。

（2）要注意参与磋商的双方所关注的共同利益，而不是磋商当事方对立的状况。

（3）对特殊情况做出承诺时要小心，否则当对方对其承担的义务提出异议时，项目经理就没有任何理由协商解决了。

（4）在磋商过程中要坚定自己的立场，然而在其他方面还是要听取更多的建议并给予他人更多的帮助。

（5）在磋商程序开始之前应准备可能发生情况的解决措施，这一点很重要。

3. 注意与项目经理有关的担保行为

担保的概念是：卖方口头或书面承诺表示项目所交付的标的将符合特定的标准。项目经理一定要注意如下事项。

（1）对有关项目的产品或者服务的履行或设计作出声明时，要特别小心。

（2）当把某些能产生担保效果的信息加入合同文本中时要谨慎。

（3）要注意在合同中加入有关履行服务的担保时，将产生提高履行标准和客户预期的效果。

4. 制订程序和政策，保证合同落实

项目经理对合同的管理包括：依据合同有关条款监督要完成的工作；为发生的变化做筹备并进行处理；对合同所用格式和语言提供解释。项目经理必须制订程序和政策来描述这些问题的落实情况，其需要制订的主要行为准则有以下几种。

（1）在最终合同文本签署之前，不要履行任何义务，或者推迟合同的定稿，直到取得正式的授权信。

（2）合同要包括项目经理对那些与合同有关的事项做出解释的记录，以及对合同的监督质量做出的记录。

（3）要确保组织的服务完成量和费用不超过合同所规定的范围和预算。

（4）在合同的磋商或管理过程中，出现问题时应寻求律师或合同顾问的帮助。

管理好项目合同是项目经理的职责之一，它是保证项目顺利进行的基础，同时也是保护双方权益的一种方式。

关键点提示

管理好项目合同要做到：

1.掌握实际的指导方针；2.掌握合同磋商的技巧；3.注意与项目经理有关的担保行为；4.制订程序和政策，保证合同落实。

6.7 如何制订物资消耗定额

工作场景描述

当想掌握制订物资消耗定额的基本方法时，可查看。

解读与分析

一般说来，物资消耗定额是按主要原材料、辅助材料、燃料、动力和工具等分类制定的。制订物资消耗定额的基本方法有经验估算法、统计分析法、实际测定法、技术分析法。

1. 经验估算法

经验估算法，是根据技术人员和生产工人的实际经验，参考有关技术文件（如设计图纸、工艺规程）和产品实物，考虑计划期内的生产技术、组织条件因素，通过估算制订物资消耗定额的方法。这种方法比较简便易行，工作量少，但技术依据不足，很容易受主观经验的局限，因而定额的精确度较差。一般在品种繁多而占用资金较少的物资（如辅助材料）上或在缺乏技术资料和统计资料的情况下采用这种方法。

2. 统计分析法

统计分析法，是根据以往相似项目的历史统计资料进行加工整理和分析研究，同时考虑本项目的技术、项目条件等特定因素，经过对比、分析、计算得出物资消耗定额的方法。

3. 实际测定法

实际测定法，即到项目现场对工人操作时的物资实际消耗进行测量，然后分析研究，进而得出物资消耗定额的方法。实际测定法的优点是切实可靠，能消除某些消耗不合理的因素，但它受一定生产技术条件和测定人员以及操作工人水平的限制，可能影响到定额的精确程度。一般在生产批量大、周期短、工艺简单、涉及加工工种和人员较少的情况下采用。

4. 技术分析法

技术分析法，是考虑构成物资消耗定额的组成部分和影响物资消耗定额的各种因素，如产品设计结构、配方、工艺要求、所用设备、原材料质量以及生产工人的技术水平和熟练程度等，通过科学分析和技术计算，从而制订物资消耗定额的方法。

以上介绍的各种制订物资消耗定额的基本方法均有其优缺点，项目管理者在实践中要灵活掌握，综合运用多种方法，避免出现较大的误差。

关键点提示

制订物资消耗定额的基本方法是：

1.经验估算法；2.统计分析法；3.实际测定法；4.技术分析法。

6.8　如何制订物资储备定额

工作场景描述

当想掌握制订物资储备定额的方法时，可查看。

解读与分析

物资储备包括经常储备和保险储备。经常储备是在两次进货的间隔中，物资能正常供应，从而满足项目需求而建立的物资储备。经常储备在进货时达到最大值，随着物资的消耗，储备量逐渐减少，到下次进货前，储备量降为零。保险储备是为了应对供应过程中发生的意外，避免物资中断而建立的物资储备。当遇到货物延期或质量问题时，保险储备能防止项目进度延误。

订购费用是指从订货到物资入库过程中产生的各种费用，包括运输费、订货人员的差旅费、进库搬运费等。订购费用只与物资订购的次数有关。

存储费用是指物资储备后形成的资金的利息、仓库管理费和物资存储消耗费。存储费用只与存储量有关。

物资储备定额的制订方法有供应期法、保证供应率法和经济订购批量法。下面进行简单的介绍。

1. 供应期法

（1）经常储备定额=平均日需用量×物资供应天数

$$平均日需用量=\frac{计划期物资总需用量}{计划期天数}$$

对于资源充足，项目单位能够预先规定进货日期的物资，可以按照项目单位的发料周期规定供应期。如7天发一次料，则供应期为7天。

（2）保险储备定额=日需用量×保险储备天数

（3）保险储备天数的确定方法：

①当项目可能有临时需要时：

$$保险储备天数=\frac{供应期平均临时需用量}{经常储备定额}\times 物资供应天数$$

②当有可能延期到货时：

保险储备天数=平均延期天数

$$平均延期天数=\frac{\Sigma（每次延期天数\times 延期入库量）}{历次延期入库量}$$

③当所需物资能够临时订购到时：

保险储备天数=临时订购所需天数

2. 保证供应率法

保证供应率是指在一定时间内，为用户实际供应物资数量与用户计划物资需要量的比值。保证供应率的计算公式为：

$$保证供应率=\frac{计划期内实际供应量}{计划期内计划需要量}\times 100\%$$

如项目用料部门需要某种物资1000件，仓库能立即发给5000件，保证供应率就是：

$$\frac{5000}{1000}\times 100\% = 500\%$$

利用保证供应率法确定物资储备定额，就是按一定的保证供应率要求规定合理的物资储备数量。

3. 经济订购批量法

经济订购批量，是指某种物资在订购费用和存储费用两者之和的总费用为最低时的一次订购数量。

在总需求量一定的条件下，订购批量越大，订购次数就越少，订购费用越小，而总费用增加；反之，则订购费用大，总费用减少。在这种情况下，存在某种条件使总费用值最小，即当存储费用与订购费用相等时，总费用最小。

下面是经济订购批量的计算方法：

设R为某物资的年订购总量；K为单位订购费用；Q为一次订购量；h为单位物资平均储存费用。

可知，全年订购次数为R/Q，年订购费用为RK/Q，年储存费用为$Qh/2$。

当订购费用和储存费用相等时，也即$RK/Q=Qh/2$，求出Q，得出$Q^2=2RK/h$。

其中：$h=CH$，C为物资平均库存额，H为单位物资年储存费率。

$$H=\frac{\text{物资年总储存费（元）}}{\text{物资平均库存额（元）}}\times 100\%$$

得出，$Q=\sqrt{2RK/CH}$，Q即为经济订购量。

以上介绍的几种物资储备定额的制订方法要灵活运用。当任务量不明确，物资消耗没有规律可循，不能直接核算出需要用量的多少时，采用保证供应率法；当需求量能确定时，采用经济订购批量法。

关键点提示

制订物资储备定额的基本方法是：

1.供应期法；2.保证供应率法；3.经济订购批量法。

6.9 如何做好项目质量规划

工作场景描述

当想做好项目质量规划，使项目质量管理有章可循时，可查看。

解读与分析

项目质量规划，是指确认项目的相关标准以及这些标准适用于工艺、产品和流程的程度。例如，一项行业的工作质量标准对一个具体的项目来说是适合的，它确定了希望达到的工作水平，为项目中后续的质量控制提供了监测和检查的基础。一般做好项目质量规划要做好以下几方面的工作。

1. 制订质量控制原则

一项质量计划必须遵守质量原则，以确保通过严格的流程实现最优结果。通常，制订项目质量控制原则要做到以下几点。

（1）争取一次做好工作，做到既节省时间和成本，又保证质量。

（2）质量要满足要求和规范。

（3）质量是一个预防出现瑕疵的过程，要时时提高警惕，经常检查。

（4）检验是对产品功能的认可，而不是识别瑕疵的过程。

（5）质量控制是每个人的责任，而不仅仅是质量保证人员或质量控制人员的责任。

（6）要持续改进质量。

2. 制订持续改进质量的标准

持续改进项目质量标准需要以项目执行期间必须实施和改善的基本概念为基础，具体包括以下内容。

（1）明确要求。工作说明、规范、产品说明和解释要简洁、明了。

（2）明确定义的流程。在项目规划、执行和控制中所采用的流程应当被证明是正确而严密的。

（3）项目是能够执行的。项目中的流程必须是经过检验而被认为是可执行的。

（4）制订可控制的流程。流程控制和检查点在使用之前就应当到位。应当表明流程是否在控制之下。

（5）制定适当的政策。质量政策的执行要有助于实现质量目标。质量政策的重点是预防出现瑕疵品。

3. 确定解决质量问题的流程

质量计划要包含一套解决质量问题和纠正瑕疵的程序，以应对出现的问题。以下六个步骤列出了一种有效解决质量问题的方法。

（1）界定质量问题范围。找出问题并分析它所产生的影响。

（2）纠正质量问题。纠正第一步发现的质量问题，因为这个问题不解决，其他的问题也无法解决。

（3）确定质量问题的根源。确定问题或瑕疵产生的原因，而不是看表面现象。

（4）纠正流程的缺陷。找出流程中的缺陷，改变有缺陷的流程以消除产生质量问题的根源。

（5）评价纠正行为。检验流程，以确保纠正行为是有效的，而且能够消除问题或瑕疵的根源。

（6）后续工作。评价纠正行为，确保不会产生新的瑕疵和问题。

对项目进行质量规划是项目质量管理的第一步。只有制订有效的质量控制原则，制订出持续改进质量的标准，并确定解决质量问题的流程，项目质量才能得到保证，项目的质量管理才能有章可循。

关键点提示

进行项目质量规划需要做好的工作是：

1.制订质量控制原则；2.制订持续改进质量的标准；3.确定解决质量问题的流程。

6.10 如何保证项目质量

工作场景描述

当想保证项目的质量使其符合要求时，可查看。

解读与分析

质量保证就是项目组对客户在项目质量方面的担保，是为获得优质项目而提前采取的质量控制措施。质量保证是所有计划和系统工作达到质量计划要求的基础，应该贯穿于项目实施的全过程之中。

确保项目质量是所有利益相关者的责任。不能理解客户要求，缺乏执行职能的适当技巧，或者缺乏第一次就把工作做好的动力，都会对项目质量产生负面影响。

以下是保证项目质量的一些方法。

1. 规范要清晰

如果对要实现什么样的目标没有一个清晰的概念，团队就没有工作方向。对项目产品和项目的中间产品，都有可能定义清楚它们的范围：在工作包层面定义清楚里程碑；在活动层面定义清楚活动的可交付成果。可交付成果的层面越低，控制就越严格。

2. 使用定义好的标准

使用定义好的标准是保证项目质量的一种常用的方法。在进行质量规划时就要订好质量标准，如果等到项目已经开工再去制订标准，往往会浪费大量的精力，还可能出现质量上的偏差。当然，由于环境条件的不同，标准可能会失效，但是，从长远角度看，使用标准还是有益的。

3. 利用历史经验

在项目管理中，经常会碰到很多挑战。历史经验越多，标准和规范就越好。有时候，项目管理者虽然不可能很快建立清晰的高技术项目规范，但是应用更多的历史数据可以帮助其更好地制订规范。

4. 使用合格的人力资源

如果项目中的人员能通过自己的检验或者培训的方式，接触到组织的历史经验、行业的标准规范，则会提高他们的能力。专业化的质量检验队伍能更好地应用业界标准并实现项目的质量目标。

5. 公平进行质量审核

质量审核是为了确定质量活动及其有关结果是否符合计划安排，以及这些安排是否有利于为达成项目目标而进行的独立的审核。质量审核可以由专门的审计师或第三方质量系统注册组织来完成，以公正地评价项目现状，发现质量问题并采取改进或纠正措施，从而保证项目质量、管理过程符合规定，保证质量体系有效运行并不断完善，提高质量管理水平。

6. 进行产品规范变更控制

变更是为了得到符合客户需求的产品。产品规范中如果有必要做一些变更，处理好这些变更是至关重要的。但是，在采取变更措施之前要做充分的分析，认真定义每次变更的效果，估算它对项目的影响以及成本和收益的对比情况。原则上只进行那些绝对必要而且有成本效益的变更。

项目质量与项目各环节都有关联，以上介绍的只是保证项目质量的一些常用方法。项目经理在质量控制过程中，不仅要灵活运用一些保证质量的方法，而且还要加强对项目实施过程中各个环节的管理和监督。

保证质量相当于预防疾病，目的是杜绝瑕疵品的出现，获得质量好的产品（项目）。它的作用在于确保项目产品做一次就成功一次。

关键点提示

保证项目质量的方法有下列各项：

1.规范要清晰；2.使用定义好的标准；3.利用历史经验；4.使用合格的人力资源；5.公平进行质量审核；6.进行产品规范变更控制。

6.11 如何掌握项目质量控制方法

工作场景描述

当想选择合适的项目质量控制方法来控制项目质量时，可查看。

解读与分析

项目质量控制方法与一般运营管理的质量控制方法在许多方面是相同的。项目质量控制方法主要有以下三种。

1. 达哈奇法

（1）达哈奇法的主要观点

不管有什么限制，都应该将目标定位于生产最高质量的产品，也就是使输入因素的偏差减小。输入因素的偏差小，其成本就较小，不过这种情况需要对不同输入的效果和输入与效果的关系有较多的了解。制作作业具有包括原材料在内的广泛的输入特点，都需要对其进行处理。当把所有输入系统保持在一定水平上，只改变每个输入来精确计量这个单一输入对最终产品的影响时，就要进行大量的实验，除非是特别简单的系统。

（2）达哈奇法的特点

每次实验都被设计成只看某个单一输入的效果，尽管其他输入也在变化，但这些输入的值在标准值上下变化的概率是相等的。实验可对每个输入轮流进行分析，其结果显示了每个输入的影响程度，也可以显示任何输入之间相互作用的强度。如果使用得当，达哈奇方法能产生令人意想不到的效果，但有赖于以下一些基本需求：有可度量的质量、有比较重要的输入以及对这些输入之间的相互影响的基本了解。

（3）使用达哈奇法的优点

①降低费用。使用达哈奇法可以减少评估输入影响的工作量，因此计划的费用就会降低。

②改进历史数据。项目中的计划就是将工作分解成人们熟悉的元素，并使用一定标准来估算这些元素的时间和费用，所有的费用估算都是基于历史数据进行的。达哈奇方法可改进这些历史数据。

（4）使用达哈奇法的缺点

实施达哈奇质量控制法需要预先进行投资，其回报虽然比较大，但投资却是长期的。达哈奇法比较适合制造业，因为制造业是相对长久的投资，投资效益是较稳定的。而项目则是短期的，只有后面的项目才能收获当前项目实施的达哈奇质量控制方法所产生的效益。项目经理可能不愿实施达哈奇质量控制方法，因为其投入的费用在项目生命周期内不能马上得到回报。这样，项目的最佳化与组织的最佳化就出现了冲突。出于这个原因，必须在整个组织中统筹管理质量问题，而不能在单个项目中进行。

2. 核检清单法

核检清单法是项目质量控制中一种独特的结构化质量控制方法。这种方法主要是使用一份开列有用于检查项目各个流程、各项活动和各个活动步骤中所需核对和检查的科目与任务清单，并对照这一清单，按照规定的核检时间和频率去检查项目的实施情况，并对照清单中给出的工作质量标准要求，确定项目质量是否失控，是否出现系统误差，是否需要采取措施，最终给出相关核查结果和相应的应对措施和决策。

3. 质量检验法

质量检验法是指测量、检验和测试等用于保证工作结果与质量要求相一致的质量控制方法。质量检验法可在项目的任何阶段中使用，例如可以检验项目实施过程中的某项单项活动，也可以检验项目结束时的最终成果。质量检验法也可以在项目的各个层面上使用。例如，对项目工作过程的质量检验，对项目资源的质量检验，对项目成果的质量检验，等等。对项目成员工作过程和项目成果的质量检验方法又可以分为以下三种方法。

（1）自检。自己对自己的工作和工作结果不断进行检验。

（2）互检。团队成员相互检验对方的工作过程和工作结果。

（3）专检。由专门的质量检验和监督人员对工作过程和工作结果进行检验。

对一个项目活动而言，在必需的检验未完成及必要的检验文件未出具，项目阶段成果未取得认可、接受或批准之前，后续工作一般不能进行。

项目质量检验法要求每次检验结果应分别做记录，并由委任的质量控制人员进行评定，决定接受与否。项目是不可重复的一次性工作，如果不按照这种检验方法去做，不但会造成各种责任纠纷，而且会出现由于项目中的某个中间环节存在质量问题使整个项目的最终结果全部不合格的严重后果。

以上3种方法既适合项目产品质量控制，也适合项目过程质量控制，在实际使用时要灵活运用。

关键点提示

项目质量的控制方法是：

1.达哈奇方法；2.核检清单法；3.质量检验法。

6.12 如何控制项目产品质量

工作场景描述

当想检测项目产品质量是否符合标准，从而更有效地对其进行控制时，可查看。

解读与分析

质量控制是一个诊断和治疗的过程。它可以监督项目的实施结果，将项目的结果与事先制订的质量标准进行比较，找出其存在的偏差，以保证项目最终符合所规定的质量要求。项目具体结果既包括项目产品（一般为可交付的成果），也包括项目过程的结果（表现为管理的规则和管理程序），项目产品质量的控制过程一般由机关职能部门负责。在错误发生后及时发现它，质量控制的重点是治疗；而避免发生错误，质量保证的重点则是预防。

对项目产品质量进行控制有以下方法。

1. 产品检验

产品检验是为确定结果是否符合需求所采取的诸如测量、检查和测试等活动。产品检验可在项目产品生产的各个层次上进行，既可以检验单个活动的结果，也可以检验项目的最终产品。检验产品时要和质量计划中的标准相对照。理解检验这个工具时，关键要注意它与预防的区别。

（1）检验能使错误远离客户，是项目产品提交给客户前的一道关口，它将那些不合格的项目产品剔除掉，从而保证客户得到合格的产品。可见，检验的工作对象是项目产品，属于事后控制。

（2）预防能使错误远离过程，能在项目产品生产过程中排除那些可能带来质量缺陷的因素，从而确保最终得到合格的项目产品。

2. 统计抽样

抽样是在总体中随机取出部分个体，根据这些个体的特征来评估总体特征的方法。因为不可能对所有产品进行检验，所以抽样是一种有效的检验手段，可以大大减少质量控制的成本。抽样包括属性抽样和变量抽样。

（1）属性抽样：通过抽样，对样品的一个或者多个属性进行检测和评估，以确定它是否符合质量标准。通过属性抽样可以帮助建立总体置信水平。例如：视觉缺陷检测就是典型的属性抽样检测，样品的其他属性，如重量、尺寸、功能等都可以是被检测的属性。

（2）变量抽样：通过持续的动态抽样，对样品的某一变量属性的值进行检测，以判断这一变量与质量标准的吻合程度。进行变量抽样的目的不是判断过程是否适宜继续进行下去，而是确定过程的整体效果。

属性抽样和变量抽样的区别：属性抽样比较简单，但是需要较多样本；变量抽样能够提供小范围样本的更多信息，不过需要专门人员进行。属性抽样更关注采样的结果与标准是否吻合、是否一致；变量抽样更关注抽样的结果与标准的吻合程度。

此外，理解统计抽样要能够区分两种因素：一是系统因素，二是随机因素。前者主要指不寻常、不经常发生的事情，后者指实施过程中的常见偏差。

3. 使用对账单

对账单是质量控制的重要工具之一，属于质量控制范畴，主要用于收集有质量缺陷的项目的数目、位置和原因。采用对账单列表方式有时还带有图形显示来核对具体的数据项，可以比较直观地表现出问题。其目的是：通过这种简单、标准的方式，对质量缺陷进行分析，从而尽快找出解决的办法。

4. 趋势分析

趋势分析是根据历史数据预测项目发展情况，比如从鉴定出的错误或缺陷中分析出项目未来出现质量偏差的概率，从而采取措施予以纠正。

控制项目产品质量的过程实际上就是对产品质量进行检验，发现错误和偏差并及时改正的过程。

关键点提示

控制项目产品质量的方法有：

1.产品检验；2.统计抽样；3.使用对账单；4.趋势分析。

6.13　如何控制项目实施过程质量

工作场景描述

当想有效控制项目实施过程的质量时，可查看。

解读与分析

项目质量控制过程除了对项目产品质量进行控制以外，还要对项目具体的实施过程的质量进行控制，只有这样，项目的质量才能得到保证。对项目实施过程质量的控制，主要由项目管理班子来执行。一般需要建立以下两个程序。

1. 制订质量管理过程监控程序

要控制项目实施过程的质量，需要制订一套程序，用于清楚说明合格的人员应该如何管理项目。程序的使用是必须的，而要做到这一点需要三个条件。

（1）不必过于循规蹈矩、或必须获得管理层的承诺和支持。经验表明，程序应该注重描述组织如何设计和打造产品或项目，而不是描述组织的各个职能部门是干什么的。

（2）这些程序应该是灵活的指导方针，而不是死板的规则。这就意味着如果客户有不同的需要，就应该变更程序以满足需要，而不是变更需要以适应程序。有一种方法可以做到这一点：设立一个程序专门负责对这些程序进行修改。

（3）必要时要更新组织的程序。每个项目结束的时候，都应该回顾这些程序在项目中是否实用，是否有必要更新。追求质量意在持续发展，而不是按照老标准按部就班、一成不变。

2. 建立质量控制系统

为了保证项目实施过程中每一阶段的输出成果都满足质量标准和项目的质量计划，为了保证项目最终质量目标的实现，应设计一个良好的质量控制系统。一个好的质量控制系统应该包含下列内容。

（1）有选择性地确定控制对象。

（2）设立质量目标值和偏差允许值。

（3）确定测量方法。

（4）对比实际结果和质量标准。

（5）不断认清不确定的过程和过程所需资源，并反馈到系统标准。

（6）监督和检测测量设备。

（7）有全过程的详细文件。

建立项目质量控制系统，监督项目实施的过程和具体结果，消除不良结果产生的原因是质量控制的关键。

质量控制系统的输出是多方面的，除了过程结果和产品结果外，还包括了过程质量，如：质量管理计划、质量控制动作定义以及过程检查表等。而质量控制系统的输出，同样是过程和结果的整合。它包括质量的改善、可接受的决定、重新工作、已完成的检测表、过程调整等。

制订质量管理过程监控程序，建立质量控制系统，是控制项目实施过程质量、保证项目取得成功的关键。

关键点提示

控制项目实施过程质量要建立的两个程序是：

1.制订质量管理过程监控程序；2.建立质量控制系统。

6.14　如何做好项目质量验收

工作场景描述

当管理者想对项目质量进行验收，看其是否符合标准时，可查看。

解读与分析

任何一个项目都有质量上的标准与要求，尤其是大型项目。为保证项目的质量，应在项目实施过程中通过检验的手段判断项目是否符合标准和要求。质量控制贯穿于项目实施过程的始终，同样，质量验收也存在于项目实施的各个阶段中，而且在项目实施的不同阶段，其标准和内容又有所不同。质量验收就是依据质量计划中的范围划分、指标要求和采购合同中的质量条款，遵循相关的质量检验评定标准，对项目的质量进行认可评定和办理验收交接手续的过程。

以下是在项目实施的不同阶段对项目进行质量验收的一些必须做的具体工作。

1. 项目概念阶段：对质量作出总体规定和决策

必须在平衡项目进度、成本、质量三者之间制约关系的基础上，对项目的质量目标与要求做出总体性、原则性的规定和决策。做出这些规定和决策主要是为了给以后的项目验收工作提供依据。

2. 项目规划阶段：指明达成质量目标的途径及项目验收标准

检验设计文件的质量，看质量验收评定标准与依据是否合理、完备并且易于操作。在项目规划阶段必须根据概念阶段的决策对质量目标进行分解，在相应的设计文件上指出达成质量目标的途径和方法，同时指明项目竣工验收时质量验收评定的范围、标准与依据，以及质量事故的处理程序和惩罚措施等。

3. 项目实施阶段：对质量逐一评定和验收

在项目实施阶段要根据范围规划、工作分解和质量规划对每个工序的质量进行单个评定和验收，然后将结果进行综合，得出上一工序的质量结果，如此逐级往上类推，形成全部项目的质量验收结果。

4. 项目收尾阶段：汇总、统计

在项目收尾阶段，质量验收的过程就是对项目实施过程中产生的每个工序的实体质量结果进行汇总、统计，得出项目最终的整体的质量结果。

质量验收完成之后，应对项目的质量作出评定报告，并且将评定形成的技术资料加以保存，作为项目资料的一部分。

质量验收是保证向客户交付合格产品的必经程序，是对质量进行管理的最后一道关口，不可马虎，因此，要严格按照标准进行验收。

质量验收必须在四个阶段都要进行，任何一个阶段的疏忽都有可能导致项目质量出现问题。

关键点提示

质量验收的四个阶段是：

1.项目概念阶段：对质量作出总体规定和决策；2.项目规划阶段：指明达成质量目标的途径及项目验收标准；3.项目实施阶段：对质量逐一评定和验收；4.项目收尾阶段：汇总、统计。

第7章

项目持续评估工作常见问题

项目目标是由员工执行并达成的。在项目目标执行中，企业应配以评估方法考核员工的目标执行情况。由于项目目标评估关系到员工的切身利益，管理者应认真做好评估准备，确定项目目标评估方法和内容，并鼓励和协助员工做好自我评估。

项目目标评估的目的是核查员工的目标执行效果，发现不足并采取改进措施，因此在评估后管理者要与员工进行有意义的会谈，在会谈中要让下属充分发表意见，以便了解下属的真实想法，协助下属改进工作，使其在下一次的项目目标执行中取得更好的成绩。

7.1　如何做好目标评估准备

工作场景描述

当准备开展目标评估工作，需要做好目标评估准备时，可查看。

解读与分析

在进行目标评估之前，管理者应做好相关准备，完善必要的基础工作，这样才可以保证目标评估工作的顺利展开。目标评估的准备工作包括以下几个方面。

1. 建立评估小组

为了使目标评估工作能够顺利进行，确保目标评估的质量，在目标评估工作正式开展之前，管理者应在统一领导、分级管理的原则下，在组织内部建立各级评估小组。评估小组的具体职责包括以下几点。

（1）根据实际情况评估各有关目标项目的完成情况。评估小组的评价结果要将个人评价和上级评价结合起来，以更好地防止目标评估工作的主观片面性，提高目标评估的准确度。

（2）建立目标评估的指标体系，制订目标评估工作行动方案。各级评估小组应按照上级提出的任务和要求，根据本部门的特点，以及具体项目的特点，制订相应的评估指标。除此之外，评估小组还需要制订评估工作的行动方案。这些指标和方案是目标评估的主要依据。

不同的目标需要不同的评估指标，而不同的评估指标又具有不同的作用。一般来说，一项评估指标只能说明一个方面的情况。管理者要根据目标项目的要求，选择和制订相关评估指标，建立成果评估体系。

2. 实施标准化

进行目标评估时，管理者应公平对待每一个目标执行者。实施标准化是评估的重要手段之一。

（1）评估组织标准化。评估组织标准化，就是对各级评估小组的构成人员做出统一的规定。

（2）评估过程标准化。目标评估应具有特定的工作程序。一般是自我评价、领导评价和组织评价。不过，许多组织在实际工作中，采用自我评价、组织评价和领导评价的顺序。不论组织如何安排顺序，目标评估的程序都应包括这三个步骤。

（3）评估方法标准化。评估方法是进行目标评估的工具。为保证目标评估的客观公正，管理者要统一规定评估所采用的方法和手段，对性质相同的工作部门要采用统一的评价方法。评估方法的标准化，还要求统一印制目标卡片和成果评估卡片，并由目标执行者和成果评估人按统一要求填写。

3. 做好日常记录统计

日常的记录统计，是指各部门和个人在目标执行过程中对有关信息的日常记载和统计。日常的记录工作可以将目标执行中的管理和控制结合起来，成为评估成果的重要依据。

各级评估小组的评估记录，是通过定期填写目标执行情况记录表来进行的。目标执行情况记录表中除记录主要目标项目的完成状况外，还要记录目标执行者的突出成绩和重大失误，及其对意外情况的处理能力。日常的记录工作主要有两种：一种是目标执行者所做的自我记录；一种是各级评估小组所做的评估记录。

总之，目标评估是目标管理的重要内容，因此，管理者在开展目标评估之前要做好各项准备工作，只有这样才可以保证目标评估工作有条不紊地展开，并取得良好的效果。

关键点提示

目标评估的准备工作包括：

1.建立评估小组；2.实施标准化；3.做好日常记录统计。

7.2　如何确定目标评估人

工作场景描述

当要确定目标评估人时，可查看。

解读与分析

目标是由员工执行的，管理者应对目标执行者进行考核和评估。为此，需要确定目标评估人来完成该项工作。在确定目标评估人时，管理者可参考以下方法。

1. 以目标执行者本人及其上司作为评价中心

在一般实际作业中宜以执行者本人及其上司为评估中心。评估中心的主要工作是分析得自内部各部门的资料、图表等，作为改善的基础。

2. 由直接主管评估

不公平的奖惩措施会引起员工的不满，也无法起到激励员工及提高员工工作效率的作用。管理者要使评估过程客观、精确，主要评估者与被评估者之间的距离不能拉得太远，由直接主管来评估其下属的目标执行情况是最理想的选择，因为他们最清楚自己下属的工作表现及工作能力。但在目标管理办法上，宜先由目标执行者进行自我评估，再交由主管评估。

3. 由目标执行者本人记明内容

到了目标执行期的期末，目标执行者要在业务目标判定表的自我判定栏中，分别记明目标内容和达成情况。

4. 由目标执行者测定目标达成度

原则上应由目标执行者测定目标达成度，因为目标是由执行人自己设定并完成的，其达成的结果也应由自己测定。这样既可以作为检讨、反省的根据，也可以作为设定下一期目标的参考。

总之，目标评估涉及目标评估人和被评估人，管理者在目标评估时要处理好这两者的关系，尽量使目标评估合理有效。

关键点提示

在确定目标评估人时可参考以下方法：

1.以目标执行者本人及其上司作为评价中心；2.由直接主管考核；3.由目标执行者本人记明内容；4.由目标执行者测定目标达成度。

7.3 如何确定目标评估内容

工作场景描述

当要在进行目标评估前确定目标评估内容时，可查看。

解读与分析

在进行目标评估时，管理者应确定目标评估的内容。在确定评估内容时，管理者可从以下几方面着手。

1. 评估目标达成结果

评估内容包括以下几个方面。

（1）目标达成率。目标达成率为本企业实际达成数值与所属各部门的年度目标数值的比值，通常以百分比表示。

（2）工作绩效。管理者要评估企业所属各部门，在全年度推行目标管理的计划、执行与考评三阶段中，是否按照规定完成工作，是否根据工作绩效进行评分。

（3）结果满意度。管理者要评估目标执行结果是否达到了预期目的，是否通过目标管理实现了既定的目标；目标执行者是否通过执行目标更深刻地理解目标管理的意义，提高了自己的工作水平。

2. 评估目标达成过程

评估内容包括以下几方面。

（1）目标执行活动。管理者要评估在目标管理的开展过程中，企业各个部门和目标执行者是否积极配合目标执行活动，是否存在态度消极或故意阻碍活动开展的现象；当目标达成环境发生变化时，各个执行部门和人员是否能及时向上级反馈并作出适当的调整。

（2）目标执行进度。管理者要评估目标执行的进度与预期进度之间的差距，并分析产生这种差距的原因。

3. 评估目标执行者

在评估目标执行者时，目标执行者本人能力的提升也不应被忽视。评估内容包括以下几方面。

（1）目标执行者的工作能力。管理者要评估各级目标执行者是否按计划有效地开展工作，能否根据环境的变化而及时做相应调整。

（2）处事方法。目标执行活动涉及多个部门和不同的员工，目标执行者能否协调好它们之间的关系，使目标执行工作顺利开展，也是应该评估的内容。

总之，管理者可根据企业自身的具体情况确定目标评估的内容，只要这些内容能很好地反映企业的目标执行情况，那么它们就是适合目标评估要求的。

关键点提示

确定目标评估内容应从以下几方面着手：

1.评估目标达成结果；2.评估目标达成过程；3.评估目标执行者。

7.4 如何选择目标评估方法

工作场景描述

当要选择目标评估方法时，可查看。

解读与分析

选择目标评估方法是目标评估的重要工作，目标评估方法适合与否直接影响着目标评估的效果。管理者可选择以下目标评估方法。

1. 定量评估法

定量评估法是通过定量指标、运用数学公式，从数量方面测算目标实现情况的评估方法。定量评估法最大的特点在于高精确性，具有很强的说服力。定量评估法是目标评估工作中最常用的方法。

常用的定量评估法主要有以下几种。

（1）目标进度评分法。目标进度评分法是一种逐期累计目标进度的评估方法，先将目标按时间进度分成若干个阶段，定期进行检查，分别评估各个目标进度的完成率、偏离率和均衡率，最后一起汇总。

目标进度评分法多以月为单位，逐月进行计算，也可根据企业具体需要，按季或周计算。计算公式如下：

$$目标进度完成率=实际完成目标值/计划目标值\times 100\%$$

$$目标进度偏离率=目标完成率-100\%$$

$$目标进度均衡率=1-目标进度偏离率$$

不同部门的目标进度均衡率并不相同，那些对节奏性和连续性要求不高的工作，最理想的目标进度均衡率并不是100%。特别是对独立工序、最后生产工序或车间班组来说，目标进度均衡率应该尽可能小一些。

（2）年终评分法。年终评分法是指在目标执行过程结束以后，根据预定的评分标准和实际情况，对各目标项目进行评分，综合评估目标的完成情况，最后得出评价结果。具体有以下几个步骤。

①确定各目标项目的得分权重。管理者把全部评价指标权重定为100%，按各指标重要程度，分别确定它们的权重。

②按各目标项目的实际完成情况确定评价指标的等级和得分标准。

③进行综合评价。

2. 定性评估法

定性评估法是指使用定性指标，从质的方面来评估目标执行情况的评估方法。对于不便采用定量评估法进行评估的目标，管理者可以采用定性评估法加以评估。常用的定性评估法有以下两种。

（1）问卷调查法。可通过向目标执行部门内外的相关人员发放调查问卷，收集他们的意见和反馈，以此作为评估依据。调查问卷上要列有需要调查的目标项目和指标，项目指标要明确简单，一般情况下，可以采用选择回答的方式。

（2）意见综合法。企业可以召开内部座谈会，或以书面调查了解的方式，要求有关人员根据目标项目标准和实际的执行状况，提出自己的意见和看法，然后由评估人员将意见汇集起来，最后经过综合分析得出评估结论。

采用意见综合法时，参评人员要具有代表性，范围要广泛。一般来说参评人员应包括：目标执行者的直接主管，所在部门的负责人，与目标执行过程相关联的部门负责人。此外，测评专家、管理者应尽可能使所有人员不带偏见、独立地做出评估。

管理者在具体运用任何一种定性评估法之前，都必须先从不同角度对定性目标及其主要项目提出具体指标，对指标的内容加以具体说明和限制，使定性目标具体化，再运用定性评估法进行评估。

关键点提示

目标评估方法一般有：

1.定量评估法；2.定性评估法。

7.5 如何确定目标评估程序

工作场景描述

当要确定目标评估程序时，可查看。

解读与分析

目标评估应按照程序逐步展开，管理者应根据目标评估的要求和企业自身的情况来确定目标评估程序。确定目标评估程序有如下几个步骤。

1. 确定最重要的问题

由管理者与目标执行者参加目标评估，在执行初期确定好每个职务中最重要的问题。

2. 设定评估项目

确定了重要问题后，管理者和目标执行者双方针对最重要的问题，设定评估项目。

3. 设定评估基准

管理者为每个评估项目设定一个评估基准，如重要程度的排列顺序。评估基准应在执行初期即决定妥当。

4. 目标执行者自我评估

由目标执行者先进行自我评估和分析，以便认定自我绩效。

5. 管理者评估

目标执行者自我评估后，将评估结果交付管理者，由管理者进行第二次评估，管理者评估后告知目标执行者绩效高低。

6. 处理评估结果

关于评估的结果，管理者可以通知目标执行者，也可由管理者签写意见，在不让目标执行者知道的前提下，将目标执行者的评估结果呈给更高层级的上级评定。

总之，目标评估应按照一定程序进行，这样既可以避免在评估过程中遗漏重要环节，又可为评估过程的各个环节做好准备。管理者应定期对目标的执行工作进行评估，及时掌握目标执行情况。

关键点提示

目标评估的程序包括：

1.确定最重要的问题；2.设定评估项目；3.设定评估基准；4.目标执行者自我评估；5.管理者评估；6.处理评估结果。

7.6 如何确定目标评估周期

工作场景描述

当要确定目标评估周期时，可查看。

解读与分析

目标评估既要能及时有效地反映目标完成情况，又要能科学合理地反映目标执行者的工作绩效，因此，而确定目标评估周期，即何时进行目标评估最合适就显得十分重要。按周期不同可将目标评估分为以下几种。

1. 日常评估

日常评估是指目标执行工作告一段落，或进展到某种程度时所进行的评估。日常评估是一种实时评估方法，管理者要在目标执行工作的每一阶段结束后及时进行评估。

2. 定期评估

定期评估是周期性的评估，例如，每周一次，或月底、年终进行评估。管理者可根据企业经营的特点确定评估周期。评估周期应既不妨碍目标执行工作进度，又具有时效性。

3. 总评估

总评估是在目标或项目期限结束时进行的评估。

日常评估，如果没有恒心施行，极有可能无法顺利执行目标；定期评估与总评估，与下年度的计划有密切关系，所以，此三类评估极为重要。如评估能按时切实施行，可防止目标管理形式化，进而提高工作效率。

总之，目标评估的时机把握对管理者来讲是具有技巧性的。目标评估太频繁，会打乱正常的工作节奏；而间隔时间太长，则可能让问题滋长，产生重大隐患。管理者应了解企业自身的经营特点，确定最合适的目标评估时机。

关键点提示

目标评估按周期不同可分为：

1.日常评估；2.定期评估；3.总评估。

7.7 如何确定目标评估次数

工作场景描述

当想确定目标评估次数时，可查看。

解读与分析

目标评估的目的若仅是为了了解下属的工作能力与实际表现，并给予下属口头奖励，那么在一定期限内评估次数可以多一些。进行一次全面客观的评估，是很耗费时间的。全面性的目标评估次数不宜过多。管理者应依据必需的成本和达成目标所需的时间，确定目标成果评估的次数。一般来说，在目标项目实施期间内，有期中、期末两次的评估工作应该就足够了。

1. 成本

在成本方面，较具规模的企业进行全面性的评估必然会花费许多的时间，并且投入不少的人力、物力，而且文书工作相当复杂。同时，评估后采取奖惩行动的前后数日，会造成员工的不安，导致工作效率下降。

2. 时间

在时间方面，如果在目标成果尚未明确体现时就进行评估，并不能产生理想的奖惩效果，反而会造成员工的不安，使其采取急功近利的草率行动。一般企业的评估时间，除年终外，其他的工作评估间隔可为一个月、一个季度或半年。

总之，目标评估次数并不是固定不变的，管理者应从成本和时间两方面进行考虑，既要满足目标评估的基本要求，又要将成本控制在可承受的范围内。

关键点提示

确定目标评估次数要把握以下两个因素：

1.成本；2.时间。

7.8　如何促使目标执行者做好自我评估

工作场景描述

当要在目标评估中使目标执行者主动参与时，可查看。

解读与分析

管理者在促使目标执行者进行自我评估时，要做好以下几方面工作。

1. 鼓励目标执行者自行评估目标成果

目标执行者做自我评估时，可对“有数量化目标”与“无法数量化目标”分别采取不同的评估方法。

（1）评估有数量化、具体化目标时，将实际成果与目标加以对照衡量，即可自行判断目标成果。

（2）评估无法数量化目标时，如果不能把达成率数量化，可用“ABC”三阶段法，即将达成期待之上的目标成果标为“A”，恰好达成期待的目标成果标为“B”，达成期待之下的目标成果标为“C”。目标执行者根据自己的判断，从设定目标阶段开始追溯，进行各方面的反省，也可以当作以后的参考资料。

2. 要求目标执行者自行检讨目标成果

目标执行者在努力达成目标的过程当中，往往会遭遇障碍。遭遇障碍时，或多或少都需要自己解决。在进行自行评估时，目标执行者要充分检讨以下内容。

（1）发生了什么障碍？

（2）用何种方法解决这些障碍？

（3）还有更好的方法吗？

（4）达成的目标成果是什么？

（5）品质如何？

（6）是否依照程序进行？

（7）是否集中力量向重点目标努力？

（8）是否充分收集了情报？

3. 共同评估

目标执行者自行评估成果绩效之后，管理者要对评估结果进行整理，呈报职业经理人，然后再和职业经理人商谈，了解其评价，以解决其中的症结和问题。

自我评估同上级主管评估是目标评估的两个方面，在自我评估与上级评估的结合过程中，管理者要坚持以自我评估为主，并辅以上级评估。只有这样，才能充分调动双方的积极性，特别是可以促使目标执行者养成自我检讨、自我反省的习惯。

关键点提示

促使目标执行者做好自我评估可从以下几方面着手：

1.鼓励目标执行者自行评估目标成果；2.要求目标执行者自行检讨目标成果；3.共同评估。

7.9　如何进行期中目标评估

工作场景描述

当要在目标执行期间核对目标执行绩效，检讨目标执行偏差时，可查看。

解读与分析

如果管理者要在目标执行期间核对目标执行绩效，检讨目标执行偏差，保证目标顺利达成，就有必要在期末评估前，视企业的需求，选择恰当的时间间隔对目标执行绩效加以评估。如何进行期中评估呢？成功的管理者一般会按如下步骤进行。

1. 设立检查点

为有效控制目标执行，在期末评估之前，管理者应适当设立目标执行绩效的检查点，视需求选择适当的时间间隔，如一个月、一个季度或半年，对目标执行绩效进行评估。

2. 明确注意事项

（1）根据目标卡进行目标评估，正常值以内由目标执行者自行检讨，非正常值由上级主管执行目标追踪。

（2）当各种改变因素发生时，管理者和目标执行者应共同谨慎对待，不到万不得已不改变目标。

（3）双方应各自检讨以下内容：上级主管是否遵守诺言，是否对下属提供了充分协助，以及目标执行者的努力程度。

总之，进行期中目标评估可以对目标执行工作进行分期追踪，有利于及时核对目标执行绩效、检讨目标执行偏差，保证目标管理的效果。

关键点提示

进行期中目标评估可从以下方面着手：

1.设立检查点；2.明确注意事项。

7.10 如何进行期末目标评估

工作场景描述

当要对目标执行工作进行最后验收时，可查看。

解读与分析

期末评估是目标执行工作的最后验收，也是目标管理的重点。管理者与目标执行者要按期初所设定的目标，在期末进行目标执行绩效评估，力求公平公正，以提升员工的工作动力。

1. 明确目标评估的程序

目标评估的程序是先由目标执行者自我评估，再将评估结果呈报管理者，由管理者再加以评估。

2. 选择目标评估方式

（1）直接评估。直接评估以目标执行者文字或口头的报告为基础，现场验收为辅助。管理者根据目标工作单，会同目标执行者逐项验收，核对目标与绩效并进行评定。

（2）分段评估。分段评估可分为两部分，第一部分先由管理者会同公证人员，评估绩效报告；第二部分根据初评再和目标执行者共同复核。在分段评估方式中，因有初评作为基础，可减少许多争议。

3. 确定目标评估步骤

（1）目标执行者自我评估。目标执行者先评估自己在目标执行期间取得的成果，并将扼要事项记载在目标卡或目标管理追踪卡上，并向其上级主管提出。为便于主管核查，目标执行者也可将有关目标执行成果的具体事实，以书面文件的形式附于目标卡或追踪卡之后，一同呈交上级主管。

（2）主管审阅核定。主管根据目标执行者的自我评估，以及有关的说明与文件，审定其成绩并填入“主管评估”成绩栏，载于目标评分表上，呈送更上一级主管审核。

（3）管理者适当修正评估。管理者可参考企业正式的财务报告及统计资料，并结合其他相关部门的绩效，对上级主管进行评分，并做适当的调整与修正。

（4）管理者将目标评分表呈报企业的目标管理推进中心。管理者将目标评分表送至目标管理推进中心，以便综合计算各部门的绩效与应得奖惩，最后呈报最高管理阶层核定。

4. 确定目标评估内容

期末目标评估的内容一般包括以下几项。

（1）目标实施进度。目标实施进度不仅有质与量上的要求，还有时间上的要求。也就是说，评估目标实施进度不光有定性指标和定量指标，还有时间指标。特别是对那些工作过程有逻辑顺序的部门或个人来说，预定目标的进度要求往往很高。因此，在目标执行成果评估中，有必要对目标的实施进度加以评定，来反映目标实施进度的均衡程度，以及目标实施的实际进度与计划进度的偏离程度。

（2）目标完成情况。目标实现程度是以目标值作为评估标准的。目标值可具体表示各项目标应达到的水平和程度。在期末评估阶段将实际目标执行成果与目标值加以比较，就能知道目标的实现程度。

目标值通常用两种数量指标来衡量，一是绝对数指标，它可以直接表现目标值的大小，给人一种清晰的数量概念，能直接反映出预期目标执行成果的数量是多少；二是相对数指标，它可以综合反映目标值，特别是可以反映出经济效益的状况，但相对数指标比较模糊，目标值的直观性不强，不能直接体现不同目标执行者预期目标执行成果的大小。

（3）目标实施手段。实施手段是实现目标的工具和方法，也是实现目标的基本保证。一项好的实施手段，不仅能保证和促进目标的实现，更能使目标执行者取得更大成果，可以充分反映出目标执行者的智慧和才能。一般来讲，对目标实施手段的评估主要涉及以下三个方面。

①经济上是否合理。在目标管理活动中，管理者评估目标实施手段经济上的合理性，要把投入产出比作为评估标准。对投入少、产出大，具有经济上合理性的目标实施手段，管理者应该予以奖励。

②内容是否有创造性。在目标管理中，创造性是评价目标实施手段的重要指标，它能帮助管理者发现创新型人才，促使员工提高自身的创造力。

③技术是否先进。这是评价目标实施手段的主要标准，也是提高目标管理效率的重要保证。对于采用新技术实现目标的员工，管理者应给予更多的肯定和奖励。

（4）员工的工作态度。评估员工的工作态度可从以下几方面着手。

①协作精神。良好的协作精神体现在目标执行者积极主动地协助他人解决困难和实现目标，以及主动为共同目标的执行者或相关人员实现目标创造良好的环境。在目标执行成果评估中确立协作态度指标，有利于加强组织内部的团结，确保各项子目标和组织整体目标的实现。

②工作热情。饱满的工作热情是实现目标的重要保证。有了饱满的工作热情，各种具体的措施和手段才能被良好运用，目标执行者的潜在能力才能得以充分发挥。为此，在目标管理的期末评估中，管理者对工作热情饱满的员工要给予肯定，对工作热情不高的员工要给予鼓励，积极协助其查找原因。

总之，期末评估是对目标执行工作进行的最后评估，对目标管理活动十分重要。管理者应本着公平合理的原则，采用适当的评估方法，按步骤认真进行评估。

关键点提示

进行期末目标评估的过程包括：

1.明确目标评估的程序；2.选择目标评估方式；3.确定目标评估步骤；4.确定目标评估内容。

7.11　如何在目标评估后与下属进行会谈

工作场景描述

当要在目标评估后再度与下属深入会谈时，可查看。

解读与分析

管理者在进行目标评估之后，最好能再度与下属（目标执行者）深入会谈，把评估结果给下属看，否则下属只能从奖金的变化去猜测上司对自己目标执行工作评估的结果。如果不进行会谈，下属就不知道奖惩是否公平，而且也无法明白自己的优点与缺点，更不会知道应该如何改进。

1. 做好会谈前的准备

管理者在进行目标评估后，与下属进行会谈时要做好以下准备工作。

（1）核对业绩基准表。会谈以下属的工作业绩基准的达成度为谈论的重心，因此在会谈前，管理者应再看一遍下属的工作业绩基准表，对其内容进行深入了解。

（2）检查评估表格。管理者需要检查下属的工作业绩及下属自我评估的内容是否与管理者平常的观察一致，下属的自我评估报告中有没有文不对题的地方，有没有虚报或过分自谦的地方。当下属的目标执行业绩达不到标准时，管理者要分析其原因并加以反省。

（3）确定会谈内容。评估表格检查完毕后，管理者要将有问题的地方整理出来。

同时，管理者应事先准备好与下属进行会谈时要谈些什么，得出怎样的结论，指导要点有哪些，否则谈话内容将是空洞的，会谈将流于形式。

（4）确定会谈的场所。只要是安静、适合谈话的地方就可以当作会谈的场所。不过管理者最好预先安排，免得被会谈被打断。当下属在谈话很投入时，多次的外界干扰，不但使会谈无法顺利进行，也会影响下属的情绪。

另外，下属与管理者进行会谈时也要做好相应的准备工作。

（1）检查评估表格上的数值。比如，看看完成工作数值的计算、工作业绩得分有没有记错。

（2）就这一期的目标执行成果进行自我反省。下属看工作业绩的同时回顾工作经过，依下列各点进行自我反省，将要点记入评估表格的自我反省栏中。

①工作业绩是否达到要求的水准？

②工作业绩不好的原因是什么？

③在目标达成过程中，感到困难的地方在哪里？无法控制的客观阻碍因素有哪些？

④为达成目标所采取的措施、对出现的问题所采取的对策是否有效？

⑤无法克服的阻碍因素是什么？是否真的没有什克服的办法？

⑥如果采用其他方法，工作业绩是否能够进一步提高？

⑦工作业绩是否受其他偶然因素的影响？

⑧以后会不会有麻烦发生？

⑨是否忽略了长期目标？

⑩在下一期目标执行过程中采用何种方法，以进一步提高工作业绩？

（3）在反省栏中记入自己克服困难的方法，具体包括以下几点。

①自己无法控制的外在因素的影响太大，以致目标无法达成时，具体记下努力克服的方法。

②采用特别对策时，明确地记下对策的具体内容。

2. 进行会谈

在与下属进行会谈时，管理者应注意以下内容。

（1）创造轻松的会谈环境。

①放轻松，不要严肃。

②确认会谈的目的。

（2）先让下属充分发表意见，注意倾听，这是非常重要的。

（3）管理者要深入检讨问题，听完下属的意见后，再就问题的要点逐一询问，把握问题核心。

（4）让下属自行提出问题的解决方法，共同讨论问题的解决之道。

（5）对下属该称赞时就称赞，该批评时就不客气地批评。

（6）对共同讨论过的事项，管理者要加以确认，不可会谈后就扔下不管。会谈最后，管理者应对谈话内容进行整理确认。

总之，管理者要将目标评估结果清楚地告诉下属，并指明下属工作中需要改善的地方。这样一来，下属就会明白自己应向哪一方面努力，以此作为下期自我反省的起点，进而更好地发挥工作潜能。当然，如果管理者的评估与下属的自我评估有差异时，则应该全部进行检讨，互相了解，消灭差异，将整个目标评估的过程进行完毕。

关键点提示

1. 目标评估后与下属进行会谈前的准备工作包括：

（1）核对业绩基准表；（2）检查评估表格；（3）确定会谈内容；（4）确定会谈场所。

2. 进行会谈时应注意以下内容：

（1）创造轻松的会谈环境；（2）鼓励下属充分发表意见；（3）共同讨论问题的解决方法。

7.12 如何提高目标评估的有效性

> 工作场景描述
>
> 当要提高目标评估的有效性，改善目标评估效果时，可查看。

解读与分析

目标评估涉及目标执行者和目标评估人，协调好两者的关系，创造良好的目标评估环境，是管理者应该重视的工作。为了提高目标评估的有效性，管理者应做好以下几方面工作。

1. 增加目标评估的公平性

（1）采用绝对评估的方式。在推行目标管理实践中，评估的目的是提升员工的工作能力。所以，管理者不应采用均衡的相对评估方式，而应采用一种以每一个独立人格作为评估对象的绝对评估方式。这是一种比较理想的评估方式。

（2）进行客观评估。客观评估不注重评估一个人的人品或能力，而是着重评估一个人的工作或业绩。由于一个人的能力发挥后所创造出来的业绩，比能力本身容易评估，因此评估一个人的工作业绩，比评估一个人的能力更为容易，也更直接。管理者要尽可能避免主观评估，而趋向于客观评估。

2. 增加目标评估结果的透明度

目标评估的目的是为当事人着想，发掘员工的潜在能力和培养员工适应未来环境变化所应有的能力。必须公正地进行目标评估，因此，在评估过程中管理者应该让当事人参加，并把评估结果反馈给当事人。

有的管理者认为，目标评估是自己单方面进行的评估，评估结果不应该让目标执行者本人看，应采取秘密方式进行。虽然说目标评估是由管理者主持进行的，但结果终会以升职加薪的方式表现出来，保密的做法只会导致目标执行者对管理者的疏远和不信任。管理者切忌采用这种隐瞒的做法，而应该将目标评估的结果明确告知目标执行者。

3. 加强目标评估双方的沟通

目标评估是在目标评估人（管理者）和目标执行者（下属）之间进行的，由于评估双方存在上下级关系，因此在目标评估过程中可能会出现下属抵触评估活动或感到紧张等情况。而加强目标评估双方的沟通可以改善他们的关系，有利于目标评估活动的顺利进行。

（1）对于达成目标的目标执行者，尤其对于绩效突出的目标执行者，要大力称赞。目标执行者会将上司的赏识当作一种至高无上的奖赏。不仅如此，由于受到赏识，员工可能会产生更多做好工作的动力。所以在取得高绩效时，管理者要把这个成绩归功于目标执行者，加以称赞。

（2）评估结果不理想时，评估双方必须认真反省。管理者因为目标执行者做不好工作而生气或责备，是没有用的。对一般人来说，如果做不好工作，即使没有受到指责，也会认为自己是有责任的。所以在这种情况下，管理者与其抱怨，倒不如把评估结果与目标执行者作为共同进行自我反省的材料来对待。

目标评估的主要目的并不是要挑目标执行者的毛病，惩罚目标执行者，而是探寻问题发生的原因并找出解决问题的方案，以免目标执行者以后再犯同样的错误。

（3）一定要让事实说话。如果管理者靠印象进行评估，无法使人信服，所以最好用工作成果这个事实来说话。用事实评估更能使被评估者信服，即使评估成绩不理想，也会减少许多争议。

（4）互相鼓励。评估的目的不在于回顾过去，或者说重新列举过去做过的事，而是利用评估将项目工作向前推动，以便迎来更好的工作局面。因此，评估双方应该把本期的评估结果作为下期评估结果更上一层楼的基础。评估双方应互相进行鼓励，这样才能使目标执行者增加改进工作和提高自己工作能力的动力，有利于下一阶段目标的执行。

总之，目标评估是一项讲究技巧的工作，它并不是简单的考核目标执行者和批评目标执行者的过程，而是充分了解目标执行者、查找问题发生的原因并共同改进的过程。管理者在进行目标评估时要注意评估方式，使目标评估真正发挥作用。

关键点提示

提高目标评估的有效性可采用以下措施：

1.增加目标评估的公平性；2.增加目标评估结果的透明度；3.加强目标评估双方的沟通。

7.13 如何确定目标绩效奖励种类

工作场景描述

当要对目标执行者取得的绩效进行奖励，要确定奖励的种类时，可查看。

解读与分析

管理者对目标执行者取得的目标绩效进行奖励时，首先要明确奖励的种类。成功的管理者一般从奖金、嘉奖、锦旗、奖杯、升迁、各种精神奖励等几方面进行奖励。下面将逐一讨论。

1. 奖金

推行目标管理综合评估制度，对符合条件的团体或个人发放奖金，给予奖励。由各级主管自行处理奖金的发放，但应以发给实际参与的有功人员为原则。

（1）定额奖金。当目标执行者的业绩达到一定程度，即发放其一定数额的金钱作为奖励。

（2）业绩奖金。业绩奖金可分为“统一分配奖金”和“个人业绩奖金”。管理者可依照员工的努力程度发放奖金。

2. 嘉奖

如果目标管理综合评估的成果在“优良”等级以上，管理者应给予负责人员及目标执行者奖励，根据其业绩大小分别嘉奖。

3. 锦旗、奖杯

对于在企划阶段、执行阶段、成果阶段等目标管理各阶段中表现优异者，均由企业颁发锦旗、奖杯等奖品。

4. 升迁

目标绩效优良者，可列入优先考虑升迁的名单内，作为后备管理人员。

总之，目标绩效奖励的种类可以有很多种，包括物质奖励和精神奖励，管理者可以根据具体情况选择奖励方式。其实，奖励是管理者对员工工作业绩的一种肯定，管理者也可以根据实际情况自行创造奖励方式去激励全体员工。

关键点提示

目标绩效奖励的种类主要有：

1.奖金；2.嘉奖；3.锦旗、奖杯；4.升迁。

7.14　如何确定目标绩效奖罚标准

工作场景描述

当要实施目标绩效奖罚，要确定不同奖罚对象的奖罚标准时，可查看。

解读与分析

进行目标奖罚是需要具体标准的。没有标准，管理者就无法公平地对不同对象进行奖罚。管理者在确定目标奖罚标准时要根据不同的奖罚对象来决定。

1. 团队奖罚标准

团队奖罚标准，即对执行目标的团队按其实现的目标绩效进行不同程度的奖罚，奖罚团队的目的是鼓励团队成员加强合作，提高团队整体工作效率。

（1）团队绩效奖励。团队绩效奖励计划旨在鼓励团队成员相互施压，共同努力去完成工作。团队绩效奖励的弊端是团队成员可能感觉不到其个人绩效和团队绩效之间存在的直接关系。团队绩效奖励可按以下标准进行。

①以实施目标管理的部门所属单位成绩的总平均数作为比较基准，根据实际成绩超过总平均数的多少颁发绩优奖。

②以实施目标管理的部门所属单位前后两期成绩的进步程度作为颁奖基准，根据进步程度颁发进步奖。

（2）团队绩效惩罚。管理者可以将各目标执行部门按其实现的绩效大小进行排序，并结合上年的排序情况，列出排名一直靠后和逐年下降的部门，根据其落后的情况采取扣除部门本年度应发奖金、降低部门平均增薪幅度等惩罚措施。

2. 个人奖罚标准

个人即各级目标执行者，以及参与工作的有关人员。

（1）个人绩效奖励。个人绩效奖励可按以下标准进行。

①向评分结果为甲等的各级部门主管及其下属颁发一般奖励。

②由获得绩优奖的部门，选出不同层级中最优部门的主管及其下属，接受管理者颁发的特别奖励。

③对完成特定目标的员工，管理者提供金钱、物质上的奖励作为目标资金奖励。

（2）个人绩效惩罚。管理者应对员工个人的目标执行状况进行评估，并结合上年度该员工的目标完成情况进行惩罚。

①如果该员工进步不大或完全没有进步，甚至还有退步现象，管理者应明确告知该员工他正处在被察看阶段，如果在规定期限内工作绩效不能达到标准，他就会被调职或解雇。

②如果在规定限期内该员工工作绩效仍不能达到理想标准，管理者就应决定调换其工作或者将其解雇。调职或解雇需与其直接主管、部门主管与人力资源部门会商之后再做决定。

总之，目标奖罚标准因对象不同而有差异，管理者可根据企业自身的具体情况确定奖罚标准，在制订标准时要注意标准应明确、有效，做到既可协调团队合作关系，又可以激发员工个人的工作潜能。

关键点提示

目标绩效奖罚标准包括：

1.团队奖罚标准；2.个人奖罚标准。

7.15　如何进行目标绩效精神奖励

工作场景描述

当在目标绩效奖罚过程中要进行目标绩效精神奖励，以作为物质或金钱奖励的补充时，可查看。

解读与分析

在目标绩效奖罚过程中，为了辅助物质或金钱方面的奖励，管理者还可以采取目标绩效精神奖励的方式。成功的管理者一般从成就感奖励、成果发表会、象征性奖品、业绩反映在福利上、成果与薪金挂钩等几方面进行精神奖励。下面将逐一讨论。

1. 成就感奖励

由管理者与目标执行者共同对目标执行者执行目标的成果加以评估检讨，使目标执行者因工作成就获得上级赏识，从而起到很好的激励效果。

2. 成果发表会

管理者运用成果发表会，表扬目标执行成果优异的团队或个人，将其成果在公众面前展现，以提高团队或个人的荣誉感。

3. 象征性奖品

管理者可以向目标执行成果优异者，颁发象征性的纪念奖品，例如徽章、锦旗、奖状等。

4. 业绩反映在福利上

将业绩反映在员工福利上。例如，福利设施的改善，福利项目的增多等。

5. 成果与薪金挂钩

目标执行成果直接与薪金或佣金挂钩，把评估结果作为加薪的依据。例如，目标执行成果优异者的薪资级别可晋升一级。

总之，除了物质奖励之外，还可以进行精神奖励。有时员工对精神奖励更加在意，因此，管理者应在目标评估完毕后，采用适当的精神奖励方式对优秀员工进行奖励，这样可以增强员工的归属感和自豪感，起到很好的激励作用。

关键点提示

进行目标绩效精神奖励从以下几方面着手：

1.成就感奖励；2.成果发表会；3.象征性奖品；4.业绩反映在福利上；5.成果与薪金挂钩。

7.16 如何确定目标绩效奖金计算方式

工作场景描述

当要依据目标执行者完成目标绩效为其发放奖金，确定奖金计算方式时，可查看。

解读与分析

目标管理活动中对目标执行者的奖励方式各种各样。就“分发奖金”而言，成功的管理者一般可以选择“按个人薪资提列若干额度为奖励金额”“设立换算奖金点数法”“按企业盈亏状况加以奖励”“按职责大小修正奖金”等方式。下面逐一进行讨论。

1. 按个人薪资提列若干额度为奖励金额

这种方式主张将目标执行者薪金的若干百分比提列为个人奖励金额的上限，按目标执行者实际工作业绩的大小领取奖励金额。

2. 设立换算奖金点数法

这种方式主张设立可换算成相应奖金的点数（得分）。用得分换算成奖金的奖励形式，简明扼要。例如，每1分数价值10元，满分（100分）可得1000元。按此奖励办法，若单位内目标执行者共得80分，则可获得800元奖金（10元×80分=800元）。

3. 按企业盈亏状况加以奖励

这种方式主张将目标执行者完成的目标绩效与企业在年初的经营计划目标相比较，如果绩效优异则加以奖励。例如，实际盈余大于目标盈余，或是实际亏损小于目标亏损，均符合奖励条件。

4. 按职责大小修正奖金

这种方式主张主管督导并协助部门实现目标绩效，按主管职位大小分别设置奖金比例。

总之，计算奖金的方式有许多种，管理者可根据实际情况选用最合适的计算方法。

关键点提示

确定奖金计算方式从以下几方面着手：

1.按个人薪资提列若干额度为奖励金额；2.设立换算奖金点数法；3.按企业盈亏状况加以奖励；4.按职责大小修正奖金。

7.17 如何利用年薪制进行目标绩效奖励

工作场景描述

当要对目标绩效突出的员工实施年薪制奖励方式时，可查看。

解读与分析

年薪制是企业常用的一种激励方式，通常适用于高层员工。在进行目标绩效评估时，对于绩效突出者可采用年薪制进行奖励。年薪制由以下几个部分组成。

1. 基本工资

基本工资属于员工的固定收入，是保证他和家人日常生活的基本生活费用，但这一部分并非绝对不变。随着员工工作年限、工作表现以及物价等变化，可以适当调整基本工资。

2. 短期奖励

根据员工完成的目标绩效，进行短期奖励。短期奖励不是固定的收入，一般情况下，短期奖励约占员工总收入的25%。

3. 长期奖金

长期奖金发放时间为3~5年，占员工总收入的35%左右，通常以股票期权的形式支付。好的年薪制，会把这一部分设计得相当诱人。员工的目标绩效与之紧密挂钩，如果取得好的业绩，就能够得到很高的回报。

4. 福利

许多企业为了奖励有优异业绩的员工，会不断地提高其福利，主要是为员工提供休假和各种保险等。例如：有免费的小车和私人司机、豪华办公室和俱乐部会员卡等。

5. 各种津贴

企业还可以用津贴形式作为对目标绩效突出者的奖励，如夜班津贴、远途津贴和特别嘉奖等。

总之，年薪制多用于奖励有突出目标绩效的高层员工，它将员工的工作业绩与企业的经营活动联系在一起，是一种较好的奖励方式。

关键点提示

年薪制由以下几部分组成：

1.基本工资；2.短期奖励；3.长期奖金；4.福利；5.各种津贴。

7.18　如何使用股票期权进行目标绩效奖励

工作场景描述

当要采用股票期权形式对目标绩效突出者进行奖励时，可查看。

解读与分析

股票期权是指在一定时间内，以特定价格购买一定数量企业股份的权利。股票期权持有者利用这种期权，能以现在的价格购买股票，并在将来获利。

股票期权是一种新式的奖励方式，通常企业对那些完成难度高的目标且绩效特别突出的员工采用这种奖励方式。管理者在使用这种奖励方式时要了解以下内容。

1. 明确股票期权的种类

（1）股票增值权。股票增值权，指股票期权持有者有权放弃股票期权而从企业获得一笔等于自赠予期权之日起股票价格增值额的收益。股票增值权的接受者在领取收益时要对该收益纳税，但不必像在标准股票期权计划下那样为行使期权而筹集资金。

（2）名义股票计划。名义股票计划，指如果股票持有者持有的股票价格下跌了，能对持有者起到保护作用并且不要求其筹集资金的一种特殊的股票期权计划。

名义股票计划将作为一般分红计划的一部分股票奖给接受者，接受者要等到退休时才能拿到这种名义股票。在退休时，期权持有者获得累积的股份或与该股份相等的价值。名义股票计划类似于股票增值权，接受者拥有名义股票，企业在规定的一段时间后，向接受者支付现金或等值的股份，其总额等于股票的增值额。名义股票接受者在这一过程中不必筹集资金，而且如果股价下跌，持有者也没有任何损失。

2. 实施股票期权奖励

（1）赠予或分配股票期权。将股票期权赠予或分配给目标绩效特别突出的员工，增加他们的归属感和忠诚度，可采取以下方式。

①向员工增发新股。这种做法是比较常用的。

②原股东将自己的股权让渡给员工。

（2）确定股票期权的有效期。由于采用股票期权方式的目的在于激励员工长期努力，因此股票期权的执行期一般都较长。股票期权的执行期通常是分阶段实施，为避免可能遇到的负面影响，大多企业都倾向于3~6年的股权有效期，如果到期后要继续施行，需得到股东大会的批准。很多国家的股票期权都规定最长的有效期不得超过10年。

（3）企业与员工应签订协定书，就期权赠予、行使权、付款要求、不可转让性、员工死亡或辞职时如何行使期权及股份调整等方面做出详细规定。

政府对股票期权实施过程中的行权价格、有效期、期权数量上限等方面做了原则性的规定，其他方面可以由企业与接受期权的员工自行约定。

总之，股票期权是一种新型的奖励方式，管理者在使用这种方式时应了解其具体的分类，掌握实施股票期权的基本过程，这样才能可以充分发挥股票期权奖励方式的优势。

关键点提示

在使用股票期权进行目标绩效奖励时要掌握以下内容：

1.明确股票期权的种类；2.实施股票期权奖励。

7.19　如何使用员工晋升制度进行目标绩效奖励

工作场景描述

当要利用晋升作为对员工实现的目标绩效的奖励时，可查看。

解读与分析

每一个员工都希望得到晋升的机会，企业可以将目标绩效奖励同晋升制度相结合，给予员工鼓励。管理者在使用晋升制度时要掌握以下内容。

1. 明确晋升方式

（1）三位晋升制。每一个员工在企业中都具有三种不同的地位：下级职位，即以前担任的职位；现任职位，即现在所担任的职位；上级职位，即将来能再晋升的职位。这样每个人就同时具有若干种身份：对下级来说，是老师；对现职来说，是工作者；对上级来说，是学生。三位晋升制既培养了现任职位未来的继承者，又了解和掌握了担任上级职务应具有的技术与能力。但是，这种晋升路线限制了员工向多方面发展的机会。

（2）多路晋升制。根据工作之间的纵横关系，每一个职位都有若干个发展方向并与若干个晋升职位相联系。例如，某员工可能升为项目组长，也可能升为主任或部门经理。这种晋升方式，可以根据员工的特长和兴趣，为员工提供较多的晋升机会。

2. 确定晋升程序

（1）企业各部门提出晋升申请书。由各部门主管具体负责，依据本部门的工作任务和发展计划，预测职位需求，对比本部门员工的目标完成情况，确定本部门职位空缺情况，提出晋升申请书。

（2）企业人力资源部门审核、调整。人力资源部门根据各部门提出的晋升申请，依据各部门发展计划的可行性考核各部门人员的目标绩效是否属实，要求晋升的职位是否符合晋升政策。在此基础上，综合分析各部门职位空缺情况，并进行横向的比较、平衡与调整。

（3）选择合适的晋升对象。选择合适的晋升对象时，一定要以选拔标准作为判断的依据。选拔标准主要包括以下几个方面。

①绩效。从目标完成的质量和数量两个方面进行考察。

②工作态度。评价候选人工作上的努力程度、热情和进取精神。

③能力。综合考虑候选人与工作相关的技能和能力。

④适应性。考察候选人接受新岗位与适应新岗位的能力。

⑤个人品德。从个人的诚实性、勤勉性、容忍度、合作精神等多方面进行评价。

（4）批准和任命晋升人员。批准和任命晋升人员时，要遵循以下程序。

①各级人员晋升由其所在部门提出申请，经企业人力资源部门审核，报总经理或董事会批准；

②人力资源部门将任职通知单送达本人；

③将有关文件存入人事档案。

总之，管理者应将员工晋升制度同目标绩效奖励相结合，对目标绩效突出者要合理地给予晋升，这样才能提高员工的工作积极性，激励其更好地完成下一个目标。

关键点提示

1. 员工晋升方式包括：

（1）三位晋升制；（2）多路晋升制。

2. 员工晋升程序包括：

（1）各部门提出晋升申请书；（2）人力资源部门审核、调整；（3）选择合适的晋升对象；（4）批准和任命晋升人员。

第8章

项目风险管理常见问题

项目风险是在项目实施过程中出现的影响项目正常开展或对项目造成直接损失的可能性，包括进度风险、质量风险、技术风险、成本风险、人员风险等。对项目风险认识不足或防范不当，都将使项目实施受到阻碍，使企业蒙受重大损失。

项目风险经理必须树立风险防范意识，通过各种迹象识别那些潜在的风险，并对其进行深入细致的分析、评估，采取有针对性的应对措施，将风险消灭在萌芽状态。唯有防患于未然，方可运筹帷幄，驾驭项目这艘“大船”安全驶达目的地。

8.1　如何识别项目风险

> **工作场景描述**
>
> 当想识别项目是否存在风险或存在什么样的风险时，可查看。

解读与分析

项目都是存在风险的，要想减少或避免项目风险的发生，项目风险经理首先要学会识别风险。识别风险就是依据风险计划、项目规划、历史资料、制约因素和假定情况等，确定风险的来源、风险产生的条件，并且描述风险的特征和确定哪些风险事件有可能对项目产生较大的影响。值得一提的是，并不是所有的风险都会给项目带来不良后果和损失，有些风险可以给项目带来一定的利益和机会，这被称为投机风险。

识别风险是一项复杂的工作，下面介绍有代表性的几种风险识别方法。

1. 风险识别问询法

项目风险经理应该广泛征询涉及本项目的所有有丰富经验的人员对本项目风险的看法。问询时可采取座谈会方式，采取管理学中推荐的“头脑风暴法”漫谈项目风险。项目风险经理应全面记录下问询过程中参会者关于风险问题的讨论，并加以思考和分析。问询时也可采取专家预测法，即事先设计好问卷发给各位被征询意见者，由他们填写完毕回收后分门别类或按事先给定的权重挑选出正确的风险因素。

2. 财务报表法

通过分析资产负债表、营业报表以及财务记录，项目风险经理就能识别本企业或项目当前的所有财产、责任和人身损失风险。将这些报表和财务预测、经费预算联系起来，项目风险经理就能预测未来可能出现的风险。这是因为，项目或企业的经营活动要么涉及货币，要么涉及项目本身，这些都是风险管理最主要的考虑对象。

3. 现场勘察法

在风险识别阶段，项目风险经理对现场勘察非常重要。特别是工程项目，项目风险经理应通过直接观察工程现场的各种设施及各种操作，更广泛、更细致地识别项目的潜在风险。

4. 相关部门配合法

项目风险经理应与其他相关部门密切配合，一同识别项目风险。这些配合的内容包括以下几方面。

（1）主动争取上级支持。项目风险经理应主动争取项目总负责人的支持，召开项目各部门经理会议，以收集各部门对项目风险的认识和建议。这种会议还可以提高项目风险经理之外的其他相关部门经理对风险的警觉。

（2）与各部门保持联系。风险经理应保持与其他部门人员广泛、连续、系统的联系，以随时全面了解各部门的各种活动，并试图从这些活动中找出风险因素。

5. 索赔记录统计法

项目风险经理在进行风险识别时，应大量查阅已完工的类似工程的相关记录，如索赔记录，这种方法也许揭示风险的绝对数量要比别的方法少一些，但是，这种方法可以识别其他方法不能识别的某些风险。

对于承包商来说，通过查阅某一特定业主遭索赔的记录，能得知该业主会带来什么风险。如通过索赔记录可以判定这位业主思想多变，从而导致工程变更频繁，或者他有可能不能按时付款。

有时，工程师的苛刻检查也是承包商的风险，而这可以通过查阅索赔记录来获知。了解客户信誉的一个直接的方法就是查阅客户的索赔记录，了解过去发生的纠纷。

6. 环境分析法

企业或项目的环境包括顾客（业主）、原材料供应商、竞争者和政府管理者四个部分。在分析环境风险时，应重点考虑它们相互联系的特征和稳定性。

有时分析上述环境的组成，会发现许多风险因素。例如：业主是国有企业还是私营企业或外商投资；提供重要原材料的供应商是一个还是多个；与业主签订的是单价合同还是总价合同；政府职能部门与本企业的关系如何，等等。

在项目生命周期的不同阶段，风险的影响也是不同的。越往后发生的风险，导致的损失也越大，因此风险识别要贯穿于项目生命周期。

关键点提示

识别项目风险的方法有：

1.风险识别问询法；2.财务报表法；3.现场勘察法；4.相关部门配合法；5.索赔记录统计法；6.环境分析法。

8.2　如何对项目进行风险分析

工作场景描述

当想分析项目风险发生的可能性及其对项目目标影响的程度时，可查看。

解读与分析

任何项目都存在风险，要想有效减少或避免项目风险的发生，除了对项目风险进行识别外，还要对项目可能存在的风险进行分析。项目风险分析就是对所识别的项目风险进行评估，以判断项目风险发生的可能性及其对项目影响的程度。项目风险分析的方法主要有定性分析法和定量分析法两种。

1. 项目风险定性分析法

项目风险定性分析就是分析、评估各个风险发生的概率及后果，并将它们按照对项目目标可能造成影响的程度进行排序，从而为有针对性地进行项目风险定量分析和制订相应的风险应对计划创造条件。

项目风险定性分析的内容有以下几个方面。

（1）项目风险发生概率及其影响。这是对项目风险发生的可能性和产生的后果进行的描述。使用定性术语可以将项目风险的发生概率及其后果描述为极高、高、中、低和极低五个等级。

（2）假设检验。假设检验是对经过识别后的假设风险进行检验。对识别出的假设风险进行检验要依照两项标准进行：假设的稳定性和假设谬误时对项目造成的后果。项目风险经理应找出可能正确的备选假设，并在定性风险分析过程中检验它们对项目目标造成的后果。对于不够完善的项目假设以及供选择的假设条件，也应检测它们的稳定性和可能给项目目标造成的影响。一般来说，普通项目或重复率较高的项目的项目风险对项目目标的影响程度比较低，技术含量高或复杂的项目的项目风险对项目目标的影响程度比较高。

（3）数据精确度。数据精确等级是一种评估风险数据对项目风险管理的有用程度的技术，它涉及对风险理解的程度、风险数据的可获得性、数据的质量、数据的可靠性和完整性等。用于做风险分析的数据要有一定的精确性，这样得到的分析结果才是可信的。

（4）风险发展趋势评价。随着项目的进展，项目的风险评级可能会增加或减少，趋势评估就是对风险变化的趋势进行评估，以确定风险将朝哪个方向发展。

经过项目风险定性分析，可以得到以下几方面内容。

（1）项目的总体风险等级。即在总体风险上，某一项目与其他项目相比，处于一个什么样的位置。

（2）风险优先次序清单。发生的可能性越大、对项目影响越严重的风险排得越靠前，也就是越应予以重视与处理。

（3）风险清单。主要收录高度和中度等级的风险，这些风险清单需要经过进一步的分析和管理控制，包括定量风险分析和风险管理行为分析。

（4）风险性质分析结果中反映的“趋势”。在进行项目风险定性分析时，项目风险经理除了分析结果本身，还应注意分析结果的发展趋势，因为根据这个趋势，可以了解风险的大小，以决定是否需要对其做进一步的分析和制订必要的应对计划。

2. 项目风险定量分析法

经过项目风险的定性分析，项目风险经理已经对各种风险对项目可能造成的影响有了初步的认识。但是，定性分析的结果只是给出某个风险对项目的影响力是高还是低，项目风险经理无法根据这个结果制订出准确的应对计划，因此项目风险经理还需要对风险进行定量分析。

项目风险定量分析就是依据风险应对计划、已识别的风险、风险优先次序清单、需加以进一步分析和管理控制的风险清单、历史信息、专家判断及其他计划的相关输出，量化分析每一风险发生的概率及其对项目目标造成的影响，从而分析项目总体风险对实现项目目标的影响程度。

项目风险定量分析常用如下一些工具和技术。

（1）与项目关系人或专家交谈。与项目关系人和相关问题专家进行交谈，可以获得有关风险的详细情况。

（2）敏感度分析。即在所有其他不确定性要素保持基准值不变的前提下，考察每个项目要素的不确定性对项目目标影响的程度。例如，项目有贷款，现在要确定利率对项目目标的影响程度，则可以先假设项目的其他不确定性因素的值固定不变，只改变利率的大小来看其对项目目标的影响是否明显，从而确定利率是否为项目的敏感因素，是否应该在项目实施过程中得到重视。

（3）决策树分析。决策树能将风险概率、事件的每一条合理路径的成本或报酬以及未来的决策综合在一起，最终得到期望值最大的决策。

（4）模拟仿真。项目风险经理利用系统模型对系统行为进行分析，将对项目目标潜在影响的不确定性因素具体化、定量化。对成本风险分析来说，模拟可以使用传统的项目工作分解结构作为模型；对进度计划风险分析来说，模拟可以使用前导图作为模型。

通过风险定量分析，可以：

（1）计算出实现某个特定项目目标的概率。

（2）计算出风险对项目目标的影响到底有多大，并以此决定所需的资金或工期。

（3）确认合理的和可实现的成本、工期或范围预算。

（4）找出对项目目标的总体影响最大的风险。

通过项目风险定量分析，项目风险经理可以知晓风险对项目影响程度的大小，质疑项目进度和费用计划，从而帮助项目管理者有效地控制资源的利用。

当然，项目风险定性分析和定量分析并不总是同时使用的。如果根据定性分析的结果已经做出相应的决定，比如，由于项目的总体风险过高而决定放弃此项目，就没必要再进行定量分析了；或者是非常重要的项目，项目执行组织决定要对所有识别出来的风险进行定量分析，这样就不必先进行定性分析了。

项目风险定性分析和定量分析方法是项目风险分析的主要方法，采用哪种方法取决于项目的风险应对计划、已识别的风险、项目状况、项目类型等要素。在实践中，项目风险定量分析是对项目风险定性分析的补充和延伸。

关键点提示

对项目进行风险分析的方法有：

1.项目风险定性分析法；2.项目定量风险分析法。

8.3 如何估计项目风险

工作场景描述

当想确定项目风险发生的概率及其对项目的影响程度时，可查看。

解读与分析

当第一次计划一个项目时，通常不应该包含任何高风险因素，如果包含，则应重新考虑项目计划以降低风险。项目风险估计要确定风险发生的概率和对项目的影响程度。一般来说，对项目风险发生的概率和项目风险导致的后果，均要通过对大量已完成的类似项目的相关数据进行分析和整理，或通过一系列的模拟实验来得出。一般有如下方法。

1. 历史资料法

在基本相同的条件下，我们通过观察各个潜在的风险经常发生的次数，就能估计出每一可能事件的风险发生概率。但是，由于人们缺乏广泛而足够的经验，以致不能用这种方法得出可靠的概率分布图。一些资料表明，除个别情况之外，企业无法依赖自身的历史资料得出每年的总损失金额的概率分布图，只能依赖同业公会、私营保险商、政府部门提供的辅助信息。当然这种依赖同业辅助信息的方法有局限性，其一是这些信息局限于平均损失而不是概率分布，其二是这些信息可能与一个特定企业的情况不符。

要得出风险的概率分布图就应利用主观概率和客观概率，这是专家根据自身的专业素质以及丰富的实践经验，依照项目的具体情况做出的合理判断。主观概率是指建立在过去的经验与判断的基础上，根据对未来事态发展的预测和历史统计资料的研究确定的概率。客观概率是依据事情发展的客观性统计出来的概率。有一种说法认为，主观概率准确性差而不宜使用，但实际上，可以将主观概率看成是客观概率的近似值。

2. 理论分布法

当历史资料不充分或不可信时，项目风险经理可以根据理论上的某些概率分布来补充或修正，从而得出风险的概率分布图。

常用的风险概率分布是正态分布。正态分布可以描述许多风险的概率分布，如财产损失、交通事故等。此外，风险估计中还有一些常用的理论概率分布，如离散分布、等概率分布、阶梯长方形分布、梯形分布、三角形分布、二项分布和对数正态分布等。

3. 外推法

外推法分为前推、后推和旁推三种。从预测理论来分析，后推和旁推的应用效果一般较差，故较少使用，大量运用的是前推法。

前推法即趋势外推法，是一种时间序列法。其基本原理是利用取得的按时间顺序排列的历史信息数据，推断出未来事件发生的概率和后果，这是一种定量风险预测方法。趋势外推法简单易行，前提是要有足够的历史资料，但是这种方法也有缺陷：首先，历史记录不可能完整或者没有错误；其次，历史事件发生的前提和环境已发生了变化，不一定适用于今天或未来；最后，趋势外推法没有考虑事件的因果关系。由于这些缺陷的存在，使得利用趋势外推法推断出的结果与实际结果有着较大偏差。项目风险经理为了修正这些偏差，有时必须在对历史数据的处理中加入专家或集体的经验。

外推的具体方法有：简单平均法、移动平均法、加权移动平均法、指数平滑法、季节变动分析法、线性趋势法等。外推法有时必须与理论分布法配合使用，如当历史数据不全或序列显示趋势不明显时，就应从理论上分析它符合哪一种概率分布，然后进行外推。

对项目风险进行估计是为了确定项目风险发生的概率和后果，从而采取措施减少或避免项目风险的发生。在项目风险管理过程中，风险估计是最困难的，项目风险经理往往会陷入两难的境地，这就要求项目风险经理除了具备扎实的专业知识外，还要有丰富的项目风险估计的经验。只有这样，才能对项目风险做出合理的估计。

关键点提示

项目风险估计的方法有：

1.历史资料法；2.理论分布法；3.外推法。

8.4 如何评价项目风险

工作场景描述

当想在制订出项目风险处理策略前对项目风险进行评价时，可查看。

解读与分析

项目风险评价是在风险识别后，对项目风险发生的概率及其可能产生的影响而形成的数据进行分析评价的过程。此项工作是与采取何种风险处理方法密切相关的。进行项目风险评价要遵循以下原则和方法。

1. 对测定和处理项目风险所花费的费用进行分析

既然在项目中存在风险，那么测定此风险的存在或处理此风险，就要花费一定的费用。

（1）测定风险存在引起的费用。测定风险存在需要这样一些费用：项目储备基金、风险监测仪器或人员费用、潜在风险费用等。

（2）测定风险处理费用。对风险的识别、估计、评价和处理均要花费一定的费用，如保险费、预防损失设备费、咨询费、风险转移给合同对方的补偿费、人员工资和日常开支等，这都是较易测定的费用。因处理风险的时间机会损失、风险预备金的机会损失、为避免风险产生采取的行动造成的收入损失等，都是不易确定的费用。

（3）测定风险损失费用。风险损失费用分直接损失费用和间接损失费用两种。直接损失费用包括赔偿费、设备损失费、事故调查费用、事故应急措施费用等；间接损失费用包括返工造成的效率下降，项目时间拖长造成项目预期收益降低等。

（4）测定个人费用与社会费用。在上述风险费用中有较大一部分是个人或项目组必须承担的，也有一部分是必须由社会承担的，如工伤、社会救助或公益事业等花费。

2. 建立项目风险评价准则

要了解项目风险存在的影响、意义及应采取何种对策处理项目风险等问题。为了解决上述问题，我们应建立项目风险评价的准则。

（1）风险回避准则。风险回避是最基本的风险评价准则。根据这一准则，人们对风险活动采取禁止或完全回避的态度。

（2）风险权衡准则。风险权衡的前提是项目中存在着一些可接受的、不可避免的风险。风险权衡准则是需要确定可接受风险的限度。这里有两种含义：其一是小概率或小损失的风险，其二是付出较小的代价即可避免的风险。

（3）风险成本与效益比准则。多大的风险对应多大的效益，也就是风险处理成本应与风险收益相匹配。人们只有在预期效益大大增加的情形下，才肯去花费风险处理成本。

（4）社会费用最小准则。在进行风险评价时要遵循社会费用最小准则。同时，在考虑风险的社会费用时，应与风险带来的社会效益一同考虑。

3. 项目风险评价的常用方法

常用的项目风险评价方法有“SAVE”策略分析法和“AHP”层次分析法。

（1）“SAVE”策略分析法。SAVE法常用于工程项目的风险评价实践，能取得较好的效果。SAVE法不仅能针对风险的一个方面的因素进行评价，还能针对风险的各种因素，比如性能、效益、可靠性、环境、畅销性等多重因素进行综合分析。

运用SAVE法评价风险有以下几步。

①利用专家的预测对各种风险因素的优劣进行打分评价，分值范围是1～10，1表示最差，10表示最好。

②根据各种风险要素的相对重要性，采用专家预测法确定权数（重要的程度），权数范围为1～3，3表示最重要，1表示最不重要。

③将打分值乘以权数，即为各风险因素的评分值。显然评分值的范围在1～30。各要素的最大可能值也可以很容易地计算出，它就是该因素权数的10倍，因此，可计算出该要素的实际评分值与最大可能值之比。

评价满意的标准如下：

①因素打分值不小于3；

②因素的实际评分值与最大评分值之比不小于50%；

③各因素评分值相加的实际总评分值与各因素相加的最大评分值之比不小于60%。

（2）“AHP”层次分析法。AHP法的基本思路是，首先找出解决问题所涉及的主要因素，将这些因素按其关联隶属关系构造成阶梯层次模型，通过对层次结构中各因素之间相对重要性的判断及简单的排序计算解决问题。运用AHP方法评价项目风险，能综合考虑主、客观因素，从而避免了单靠直觉与经验进行项目风险评价所产生的不利影响。运用AHP法评价风险的步骤如下。

①建立可描述项目的概念。这些概念就是复杂系统的组成部分或因素。依靠这些因素把整个项目分解成可管理的工作包，然后才能进入第二步。建立项目要领或项目各因素，最好的方法是建立工作分解结构（WBS）。

②建立项目的阶梯层次并进行风险识别。根据第一步建立的项目要领构造项目的阶梯层次结构，然后应用前面所述的风险识别方法对每一个工作包进行风险识别，并根据所识别的风险整理出该工作包的风险图。

③构造风险因素判断矩阵，将每一个上层因素和与其有逻辑关系的下层因素进行一对一的比较，通过分析、判断，确定下层因素对上层某一因素而言的相对重要性。

④构造各风险因素的严重危害程度的判断矩阵：严重程度可用高、中和低风险三个标准来表达，从而求出各子风险因素相对危害程度值。

⑤利用AHP计算机软件，对专家评判进行一致性检验。若一致性检验通不过，则需重做评判，然后再检验，直至通过。

⑥层次总排序：首先，把各子风险的相对危害程度统一起来，就可求出工作包的风险处于高、中和低各等级的概率值，由此可判断各风险包的风险大小，然后按照AHP合成权重的计算方法求出总排序，合成后即可得出项目总的风险水平。

对项目的风险进行评价，不仅要对预测、评价和处理风险所花费的费用进行分析，同时还要掌握一些风险评价准则，另外还要运用合适的风险评价方法。只有这样，才能作出合理的风险处理决策，从而降低项目风险产生的可能性。

关键点提示

评价项目风险的原则与方法：

1.对测定和处理项目风险所花费的费用进行分析；2.建立项目风险评价准则；3.项目风险评价的“SAVE”策略分析法；4.项目风险评价的“AHP”层次分析法。

8.5　如何制订项目风险损失控制方案

工作场景描述

当想尽量控制项目风险减少或不发生、挽救项目风险发生后所造成的损失时，可查看。

解读与分析

项目风险损失控制是一种积极的项目风险应对措施，它是项目组织在愿意承担项目风险的前提下，通过事先制订控制或应急方案使项目风险不发生，或风险发生后使损失额最小或尽量挽回损失的一种措施。项目风险损失控制是一种具有积极意义的风险处理手段，是值得企业广泛使用的方法。在进行项目风险损失控制之前要制订项目风险损失控制方案。项目风险损失控制方案分三种：预控方案、应急方案和挽救方案。

1. 预控方案

经过对项目风险识别后，项目管理者对项目风险产生的原因、条件、环境、后果与控制风险发生的要领等进行说明，从而使每位员工都明白，在做每一项工作前要预先了解这一工作的风险和预控措施。例如，高空作业工人为避免伤亡而应系安全带；在工地活动的员工必须佩戴安全帽以防被高空坠物砸伤。预控方案的核心思想是通过主动控制风险发生的条件，使风险少发生或不发生。它主张通过全员教育，使员工树立风险防范意识，进而主动控制风险，把风险消灭在萌芽中，因此，预控方案是一种积极主动的风险控制方案。

2. 应急方案

应急方案是在损失发生时起作用的，其目的是使项目风险损失最小化。为了节约成本，并不是每一个风险事先都需要制订应急方案，而是应在对所有可能出现的风险进行评价后，对那些潜在的较大风险或可以分类的风险事先制订应急方案。例如，火灾应急方案、人员伤亡事故应急方案、坍塌事故应急方案等。应急方案有以下三种类型。

（1）纯事后的。它是指那些事先编制好，但只在风险发生后才实施的方案。

（2）带有必要事前行动的事后方案。它也是事先编制并在风险出现后实施的方案。但是必须做一些准备工作，比如，要提前采购某些部件。

（3）缓和结果的事前行动。虽然事前已经编制好了应急方案，但是还想通过修改项目产品或工作方法的设计，来降低实施应急方案的成本。

3. 挽救方案

挽救方案的目的是最大程度地挽回项目风险发生后造成的财产损失。一般而言，挽救方案是不能事先制订的，因为在风险发生之前不知道风险损害的部位和程度，因此不需要在风险发生前制订详尽的挽救方案，只需在应急方案中规定风险发生后挽救损失的人员配备和工作程序就可以了。

风险损失控制方案是为了应对、处理项目风险而制订的一种备用方案，它为有效控制项目风险的发生及减少其造成的损失和危害提供了依据。作为项目管理者，应该事先考虑项目可能发生的风险，并制订合理的风险损失控制方案。只有这样，才能将项目风险发生的概率与危害程度降到最低。

关键点提示

制订风险损失控制的方案是：

1.预控方案；2.应急方案；3.挽救方案。

8.6　如何应对项目风险

工作场景描述

当想采取策略回避、转移和控制项目风险时，可查看。

解读与分析

任何项目都是存在风险的，是否成功控制项目风险或减少项目风险所带来的危害，主要看是否采取了适当的风险应对策略。以下是一些常用的风险应对策略。

1. 风险回避

风险回避是指不愿承担风险或不愿继续承担风险，就是从根本上放弃使用有风险的项目资源、项目技术、项目设计方案等，从而避开项目风险的一种风险应对措施。

（1）风险回避的方式。风险回避有先期回避和中途放弃两种方式。

①先期回避。先期回避是最彻底的回避，也是较常见的一种风险回避方式，即在风险发生前就已经采取措施消除了可能引发风险的相关因素。

②中途放弃。中途放弃是指中途彻底放弃存在风险的项目，从而避免损失的一种风险回避方式。中途放弃也许不像先期回避那么常见，但也经常被采用。

在实际操作中，具体采用哪一种回避方式，取决于项目的特性以及项目组织对风险的态度等因素。

（2）风险回避的适用原则。风险回避是管理和控制风险的一种有效的、普遍应用的风险应对措施。当某种特定风险的损失频率和损失程度相当高，或者采用其他风险应对措施的成本超过其产生的效益时，可以采用风险回避。

（3）风险回避的特点。它的优点是项目组织通过回避风险，从根本上排除了风险来源和引发风险的因素，从而避免了可能产生的潜在风险和不确定性。但是，风险回避也有其消极的方面：

①回避风险可能意味着同时放弃某种获利的机会；

②回避一种风险可能产生另一种风险，回避一处风险可能使别处产生风险或加大某种已存在的风险；

③有些风险是无法或很难回避的。

所以，在选择项目风险应对措施时，项目管理者要做充分的考虑。

2. 风险转移

当项目组织面临发生概率小、造成的损失大，或很难控制的项目风险时，可以采用风险转移的措施。通过风险转移，可以使面临风险的单位或个人可能遭受的损失由其他单位或个人来承担。风险转移通常包括以下几种方法。

（1）保险。保险是转移风险经济影响的一种方法。通过保险索赔可以获得一定的经济补偿，可以减少因风险发生而带来的经济损失。但是保险索赔的赔偿额可能不够使一个项目继续运行，因为经济赔偿可能只够补偿组织所损失的时间与资源，而不能对受到损害的地方做修整，使项目继续进行下去。

（2）分包。将风险转移一部分给作为专家的分包商能大大减少风险，因为它综合了两种风险管理策略：风险降低和风险转嫁。若分包商在其工作领域拥有专业技能，则其完成的项目工作达不到标准的可能性就会降低；如果分包商承担在规定时间以规定价格按要求的标准完成项目工作，则风险就得到了转移。如果分包商很可靠，并有足够的资源来处理被识别的风险，那么风险就能有效地得到转移。但是，从长远来看，转移风险并非总是有利的。

（3）抵押。合同的一方或双方将资金投入安全的账户作为抵押保证金，这样如果一方不履行合同，权利受到侵害的另一方可以得到保证金作为补偿。这是一种将一方违约的风险转移到另一方的方法。

（4）合同。依照合同，风险由业主、承包商和分包商分担。合同有以下两个一般性原则。

①风险要分配给最有能力控制风险的，也有最充分的动机控制风险的一方。如果承包商和分包商都没有控制风险的能力和动机，就没有理由将风险分配给他们。

②如果风险在分包商的控制范围之内，则与分包商分担风险。要达到这一目的，需要使用“背对背”合同：承包商和分包商之间的合同应该包括承包商和业主间签订的合同条款。经常有这样的情况：承包商感到被挤在两个“巨人”中间，为了获得工作任务而接受苛刻的条款，但是他们相信分包商不会接受这些条款，因为分包商并不需要这项工作。这种情况主要发生在军事设施或公共部门项目的承包商身上。避免出现这种情况的方法是尽量让分包商和业主直接签订合同，用业主的影响力使分包商承担一些风险。分包商（有时是供应商）也许不在意与承包商保持友好关系，但是对业主可能会比较尊重。

3. 风险损失控制

风险损失控制的核心技术是预防风险损失和减少风险损失。

（1）预防风险损失。预防风险损失是一种事前的、积极的风险控制技术，即采用各种措施努力消除造成风险的一切原因，以达到减少损失发生次数或消除损失的目的。它主要通过三个方面来达到此目的：

①消除或减少引发风险的因素；

②改变或改善存在风险的环境；

③抑制引发风险的因素和环境的相互作用。

（2）减少风险损失。减少风险损失是一种事后的风险控制技术，它通过一系列措施来降低损失的严重程度，使损失造成的影响降到最小。项目管理者可按照具体的风险情况采取灵活的补救措施。

4. 风险单位分离和结合

风险单位的分离是将风险单位分成多个独立的较小单位，避免同一风险事件波及较大的范围，以减少损失的一种策略。

风险单位的结合是将同类风险单位加以集中，以有助于预测未来损失、降低风险所造成的损失的一种对策。由于结合使独立风险单位的数量减少，在其他条件不变时，风险所造成的损失将减小。

5. 风险自留

风险自留是当某种风险不能避免或因冒该风险可能获得较大利润时，由项目组织自行设立基金，自行承担风险所造成的损失的一种处置风险的策略，是一种对残余风险进行处置的措施。采用风险自留策略必须具备适宜的融资手段以吸纳资金，从而减少损失带来的不利影响。

风险自留又分为以下几种。

（1）主动自留，是在明确了风险的性质和风险造成的后果，分析了经济可靠性之后决定自己承担风险的策略。

（2）被动自留，是在未能识别风险及风险所造成的损失的情况下决定自己承担损失的策略。

（3）全部自留，是面临风险的项目组织承担项目所有潜在损失的策略。

（4）部分自留，是面临风险的项目组织只承担部分损失，而将其余损失转移出去的策略。

风险自留是一种重要的风险应对技术。无论是保险或非保险风险转移措施都有其局限性，风险自留正好可以作为一种补充措施来运用。一个风险损失控制能力较强的经济单位，有可能使损失降到最低。

以上是一些常用的风险应对和处理策略，选择何种策略，要根据具体情况综合考虑。

关键点提示

项目风险应对和处理策略有：

1.风险回避；2.风险转移；3.风险损失控制；4.风险单位分离和结合；5.风险自留。